UN DÍA TENDRÉ ÉXITO

UN DÍA TENDRÉ ÉXITO

**LO HE PROBADO, ¡Y FUNCIONA!
AHORA LES TOCA A USTEDES COMPROBARLO.**

Maneras prácticas de crear diversión
en vuestras vidas y atraer abundancia,
prosperidad y felicidad.

Haresh Buxani

PARTRIDGE

To order additional copies of this book, contact
Toll Free 800 101 2657 (Singapore)
Toll Free 1 800 81 7340 (Malaysia)
orders.singapore@partridgepublishing.com

www.partridgepublishing.com/singapore

En muy pocos momentos de nuestras vidas, quizás por casualidad o más que una casualidad, conocemos a alguien con una vida realmente única. Haresh Buxani es una de esas personas especiales. Era mi paciente, pero ahora se ha convertido en un buen amigo.

Nuestro encuentro fue por coincidencia – un encuentro ordenado por Dios Omnipotente- y me hace ver la vida de una manera más espiritual, porque para Haresh, la vida es una realidad vivida.

Cuando nos conocimos por primera vez, Haresh tenía todas las posibilidades en su contra. Sus problemas médicos iban aumentando cada minuto y muchas veces insuperables. Pero a día de hoy, varios años más tarde, Haresh vive para contar su historia, una historia llena de secretos emotivos reales. Cabe recalcar que lo hace de una manera reconfortante y personal, que es lo que define precisamente su carácter.

Si te encuentras en un punto vital de la vida, donde te sientas acorralado, este libro es para ti. Aunque el lenguaje es sencillo, el mensaje es profundo y verdadero. No confundan su brevedad con falta de contenido. Hay muchísimos secretos escondidos libremente y perfectamente envueltos para aquellos que por similitudes en las circunstancias difíciles, están preparados para obtener información en pequeñas dosis.

A Haresh, mi amigo, ¡buen trabajo!

Espero que todos los lectores se sientan motivados por Haresh en creer que tendrán éxito, día a día.

Dr. Gerrard K. H. Teoh
MBBS, MMed (medicina interna), FAMS (hematología)
Hematólogo (inmuno-hematología, Harvard)

Este pequeño libro contiene multitud de consejos con gran éxito. En cincuenta capítulos, aprenderán sencillas estrategias que suavizarán vuestros ánimos, abrirán su mente, desarrollarán vuestra vida, y ampliarán vuestras perspectivas. Este libro les ayudará a mejorar vuestro lado bueno.

Contents

Preámbulo

Hay lecciones en la vida que simplemente no pueden ser enseñadas. Hay situaciones en la vida que simplemente no están en nuestras manos, pero la vida sigue. A todos aquellos a los que las circunstancias le superan o simplemente sienten que no hay luz a la vista, les digo "Lean este libro". Les dará algún tipo de esperanza y unos consejos invaluables que les ayudará a seguir vuestro camino.

Admiro a Haresh por tener el valor y la sabiduría de escribir sobre sus circunstancias personales y por todo lo que tuvo que pasar; bajo las mismas circunstancias, muchos de nosotros habríamos tirado la toalla. Espero que este libro sea una inspiración para muchos.

Que Dios les bendiga.

Haresh Vatwani, un buen amigo del autor

Prólogo

Este no es un libro acerca de los secretos de las inversiones. No soy un famoso orador, y tampoco soy un médico, nutricionista, psicólogo, mecánico, cocinero, o alguien que se siente cualificado para decirles cómo construir un avión.

En verdad, este libro trata de las experiencias de mi vida, y las comparto con ustedes con la esperanza de que las usen para poder conseguir algo en vuestras vidas y tener éxito. Aunque este es mi primer intento a la hora de escribir un libro, espero poder enseñarles, a través de mis experiencias personales, como hacer cosas prácticas para tener una vida divertida y al mismo tiempo crear abundancia, prosperidad y felicidad.

Empecé escribiendo este libro en Junio del 2008 después de que mi gran amigo, Haresh Vatwani, que vive en Singapur, me convenciera de relatar mi vida. Estuve rechazándolo, porque no tenía ningún interés en hacerlo. Tampoco tenía idea de cómo empezar a escribir un libro.

Un día, estaba viendo en la televisión un capítulo de la tercera entrega de la serie "El gran perdedor" (normalmente veía todos los capítulos e intentaba no perderme ninguno). Todos los días escuchaba al presentador preguntar al público, "Cuéntenme la historia sobre el mayor perdedor".

Eso fue lo que me hizo empezar a escribir este libro.

Agradecimientos

A mi difunto padre,
Jaikishin Buxani
Esto es lo que te debería de haber dicho cuando era pequeño
"Papa, que tu alma descanse en paz. Todos te
queremos y te echamos de menos muchísimo."
"Papa, te echamos de menos"
"Papa, te queremos"
Papa,
Falleciste muy joven.
Tengo muchas historias que contarte.
Aunque no sé por dónde empezar.
Podría escribir un billón de páginas,
Aunque sé que no podrás leerlas.
Desde arriba puedes ver
Que nos la estamos arreglando bien
Papa, eres un padre cariñoso
Con un corazón de oro.
Cada día de mi vida,
Me acuerdo de ti día y noche.
Me acuerdo de todas tus enseñanzas.
Gracias por cuidar tan bien de nosotros cuando éramos pequeños.
Hoy he escrito las experiencias de mi vida.

Por favor bendice mi primer libro, **Un día tendré éxito**,
y a todas las personas que lo lean.

A mi madre
Indra

Mama, sin ti, no hubiera habido Un día.
Tu amor, atención, y manera de guiarme
me han convertido en lo que soy.
Me dirigiste hacia el camino de servir y conseguir hacer muchas cosas.
Sin ti, no hubiera podido conseguir nada, por
mucho que lo hubiera intentado.
Por ti, tengo amor, alegría, tristeza, agradecimiento,
sonrisas, risas, satisfacción y paz.

Gracias Mama.

Siempre te he querido. Eres un regalo de Dios.

A mi querido hermano
Kishore K. J. Buxani

Gracias por tu apoyo moral, tus cuidados, y tu amor, por lo que doy gracias a Dios. Un excelente hermano pequeño que me ha dado el regalo del amor incondicional, que me ha permitido ver la vida de una manera positiva. También a mi cuñada Pia K.J. Buxani, que es muy querida para mí. La llamo hermana, y ella me llama hermano. Tenemos una buena y cercana amistad. Es una persona inteligente que cree en un estilo de vida positivo. Y no me puedo olvidar de mis dos encantadores sobrinos, que crean tanta diversión en nuestra familia, que a su vez atrae felicidad a todo nuestro entorno.

Además tengo veinte buenos amigos: Laurence Wee, Vinit Chhabra, Sunil D. Chainani, Harry R. Chainani, Haresh Vatwani, Ashok Advani, Jit Nagpal, Arvind Chanana, Bob Singh, Ishvinder Singh Bajaj, Havinder Singh Bajaj, Vinod Kumar, Edward Seah, Vincent Tandiono, y las señoras, Srta. Grace Tan, Srta. Gladys Wee, Srta. Strawberry, Srta. Coco, Srta. Jo Lee Soo Hoon, y la Señora Irene Lim Suan Kim, presidenta de la Asociación de Lupus de Singapur, desde el año 2011. He conocido a algunos de estos grandes amigos desde hace muchos años y nuestra amistad es invaluable. Se cuidan bastante bien y siempre miran a la vida de una manera positiva.

Mi fabulosa familia consiste de muchos primos queridos y cercanos. También agradezco a mis ocho médicos preferidos: Profesor Leong Keng Hong, Dr. Gerrar K.H. Teoh, Dr. Grace Lee, Dr. Mak Koon Hau, Dr. Sriram Shankar, Dr. Tan Chai Beng, y todos los miembros del equipo del Hospital Gleneagles de Singapur. Y quiero añadir dos más: uno del Hospital General de Singapur, Dr. S.G.Tan y el Dr. Mohammad Tauqeer Ahmad del Hospital Raffles. Son médicos brillantes y excelentes, y conocerlos valió la pena cada céntimo.

Por último, doy las gracias al Sr Trevor Binedell y a la Srta. Yvonne Hwong Ys, mis dos ángeles que trabajan en el hospital Tan Tock Seng del cuidado de los pies y las extremidades en Singapur. Es el único centro con un taller especializado en diseñar y realizar prótesis personalizadas.

El director de este centro. Sr Trevor Binedell, y la fisioterapeuta Srta. Yvonne Hwong Ys, cuidaron mucho de mi prótesis de pierna derecha, y les considero ángeles de Dios, pues fueron los que me enseñaron a caminar de nuevo. Todos ellos pusieron mucho empeño en que yo, su paciente, pudiera tener una vida normal nuevamente. Que Dios los bendiga siempre.

Quiero dar las gracias enormemente a todas las personas mencionadas por sus pensamientos positivos, generosidad e ideas creativas.

¡Les quiero a todos!

Gracias Dios por la felicidad y buena salud, tristeza y enfermedad y la felicidad, prosperidad y satisfacción que me has dado.

Introducción

Me acuerdo cuando me levanté ese día a principios de Junio del 2008. Estaba ingresado en el hospital Ese mismo día tenían que amputarme la pierna derecha y no había nada que yo pudiera hacer al respecto-nada-todo estaba fuera de mi *control*.

Los médicos del hospital no podían averiguar la razón por la cual mis dos piernas estaban inflamadas por debajo de la rodilla. No tenía ningún síntoma de alguna enfermedad que pudiera causarme la pérdida de mis piernas, tal como hipertensión, diabetes, problemas de corazón o de riñones, o colesterol elevado. Llegó un momento en que perdí mi voz y estuve viendo borroso durante dos horas. Fue cuando tuvieron que ingresarme en el hospital. Los médicos confirmaron que había sufrido un leve derrame cerebral, y tres semanas después, mi pulmón se encharcó, mi cerebro tenía un coagulo, y mis piernas se inflamaron. Mi pierna derecha estaba rígida por debajo de la rodilla

Los miembros de mi familia y mi amigo Laurence Wee, estuvieron a mi lado desde que ingresé y recibí mucho apoyo moral, cuidados y amor de todos ellos, por lo que doy gracias a Dios.

Los médicos del hospital me aconsejaron que fuera mejor que me amputaran la pierna derecha por debajo de la rodilla. No fue una decisión fácil de tomar y tuve muy poco tiempo para decidir. Me di cuenta de que no tenía elección, ya que el cirujano ya me había informado que sólo me quedaban CINCO DIAS de vida.

¡Estaba en shock!

Tuve que permitir a los médicos la amputación, ya que notaba mi pierna completamente rígida y la piel iba cambiando de tonalidad a cada momento. Fui diagnosticado con la enfermedad grave de lupus eritematoso sistémico (SLE) y síndrome de anti fosfolípido (APS). ¿Qué significan los términos SLE y APS en medicina?

SLE o lupus eritematoso sistémico, conocido como Lupus, es una enfermedad donde el sistema inmunitario del cuerpo se vuelve hiperactivo y ataca las células sanas.

Los síntomas son inflamación, hinchazón y daño a las articulaciones, piel, riñones, sangre, corazón y pulmones. Las personas con Lupus son normalmente atendidas por especialistas en reumatología.

El APS o síndrome de anti fosfolípido se le denomina también síndrome de Hughes. Afecta a la sangre, haciéndola propensa a coagularse. Esto puede llegar a ocasionar trombosis en las venas, siendo una enfermedad peligrosa. Las personas afectadas con esta enfermedad son dirigidas a un especialista de hematología (especialista de la sangre) o a un reumatólogo (especialista en huesos, articulaciones y trastornos del tejido blando y algunas enfermedades autoinmunes).

Diez días más tarde estando todavía en el hospital, me empecé a preguntar, ¿Porque me está ocurriendo esto? ¿Por qué tengo que pasar por todo esto? Lloré durante todo el día; creo que estaba deprimido. La mañana del once día me dije a mi mismo, "Un día podré volver a caminar. Caminaré enérgicamente, y correré." Me contuve para no llorar y me conformé con poder volver a caminar.

Sin el apoyo de mi familia, no hubiera llegado este día. Su amor, atenciones, y consejos, reforzaron mi alma y pude salir de la depresión y visualizar una vida mejor. Mi familia me llenó de amor y cuidados, y doy gracias a Dios por la felicidad y la buena salud, tristeza y enfermedad y por la felicidad. Doy gracias a Dios por haberme dado la oportunidad de conocer a cinco grandes médicos en Singapur, que cuidaron mi enfermedad.

Aun teniendo una enfermedad grave, me negué a que las circunstancias afectaran a mi vida negativamente.

Mi familia siempre me decía, "Debemos de recordar que estamos en este mundo una sola vez. Todo el bien que podemos hacer, lo debemos de hacer ahora". Debemos de acordarnos de meditar y estar enfocados en nuestro camino. Esta frase y el libro El monje que vendió su Ferrari de Robin Sharma, me ayudaron a salir de la depresión por la que estaba pasando.

Empecé a escribir este libro en Junio del 2008. Trata sobre mis experiencias y me encantaría compartirlas con todo el mundo, incluyendo a gente con y sin éxito. Espero que lo utilicen para conseguir algo en la vida y convertirse en una persona de éxito. Aunque este libro es mi primer intento de escribir, puedo enseñarles a través de mis experiencias, como crear diversión mediante maneras prácticas y también crear abundancia, prosperidad y felicidad a través de vuestros pensamientos.

Tardé seis años en terminar este libro y estoy buscando un editor local con la esperanza de poder ofrecer una ayuda, apoyo y estímulo a las personas que están sufriendo mi misma suerte.

Escribí un artículo llamado "He sido diagnosticado con Lupus. ¿Qué debería de hacer ahora?" para la publicación de la Asociación de Lupus de Singapur de febrero del 2013.

En la vida tenemos dos opciones: podemos sentirnos miserables y preguntar, "¿Por qué esto me ha ocurrido a mí?" o podemos mantenernos positivos y dar gracias por las cosas que aún conservamos. Hago un esfuerzo por mantenerme optimista y tengo confianza en el equipo de médicos y enfermeros que me trataron.

El 4 de junio del 2012 empecé el grupo Marina Bay Walking Meetup. Este grupo de caminata tiene más de 3030 miembros que pertenecen a todos los caminos de la vida. Caminamos todos los sábados por las mañanas por diferentes lugares de Singapur. Un mes más tarde, empecé el grupo de caminata Walk for Lupus. Este grupo camina una vez cada dos meses sobre el atardecer, porque todos los enfermos de Lupus son sensibles al sol, y la mayoría tiene enfermedades de la piel. Las caminatas son una oportunidad perfecta para mantenerse sanos y hacer nuevos amigos. También soy voluntario de la asociación de Lupus de Singapur.

El día mundial del Lupus del 2013, el grupo de Marina Bay hizo una marcha de 3.5 kilómetros por el paseo marítimo de Marina Bay.

El 10 de mayo de 2014, el principal organizador de la Asociación de Lupus de Singapur y el co-organizador del grupo de caminata Marina Bay Walking Meetup organizaron la primera caminata a beneficio de Walk for Lupus en el centro Botánico dentro del Jardín Botánico de Singapur. Conseguimos casi S€50.000 del público, que caminaron 1.9 kilómetros. Todo lo recaudado se donó a la Asociación de Lupus de Singapur.

Hay una necesidad de crear conciencia pública sobre el Lupus, ya que hay muy poca gente que han oído hablar de ello o tienen conocimientos sobre ello, al contrario que otras enfermedades como el cáncer. Es importante que los enfermos encuentren nuevas vías para poder amortiguar el stress que causa esta enfermedad. El ejercicio y la relajación ayudan a combatir la enfermedad. El ejercicio no solo reduce el stress y eleva el ánimo de las personas pero también ayuda a dormir. Estén activos y positivos siempre. ¡Sean bendecidos con buena salud!

Quien se puede beneficiar al leer este libro

Un día está escrito para personas con éxito, personas sin éxito, pacientes, y personas de todos los aspectos de la vida, aquellos que han tirado la toalla y aquellos que no están seguros de cómo conseguir éxito en el mundo en el que vivimos.

Cuando fue la última vez que leyeron un libro_

Leer a menudo nos mantiene motivados. Necesitamos ser positivos. Necesitamos estar motivados para aprender a crear abundancia, prosperidad, éxito, y mucho más para nosotros.

Necesitamos informar a los jóvenes del poder que ejerce la mente. Algunos jóvenes tienen éxito al fijarse unas metas y establecer sus propias inversiones y negocios, convirtiéndose en empresarios de éxito. Simplemente creen en sí mismos. Tienen la certeza de que cumplen sus sueños. Es lo único que necesitamos.

Una cosa que debemos de recordar, estamos en este mundo una sola vez. Todo el bien que podamos hacer, lo hacemos ahora. Debemos de acordarnos de meditar y estar enfocados en nuestro camino. Créanme, eso es lo que funciona. No debemos de olvidarnos de nuestras metas, es lo que nos da un equilibrio y nos motiva hacia las puertas del éxito. Al equilibrarnos nos aseguramos que nuestra salud, corazón, relaciones, estado mental y la vida en general están en buenas condiciones. Cojan su vida, disfrútenla, y creen felicidad a vuestro alrededor. Luego observen como consiguen éxito. No se preocupen de cómo lo conseguirán.

¿Saben que podemos encontrar abundancia fácilmente, en cualquier lugar y en todos los lugares?

Solamente necesitamos expandir nuestra mente y pensar de una manera enfocada para conseguir ser personas de éxito. Si no creen que lo pueden hacer, yo creo en que sí. Es posible. Pueden tener un espíritu de empresarios en el interior. Aprendan a buscar y escuchar su propia voz en vez de escuchar las voces de los demás. Cuando practiquen pensamiento y la visualización, las estrategias vendrán de manera automática.

No se asusten de enamorarse de lo que hacen. Sean creadores y empiecen a visualizar.

Sí, yo creo en ustedes.

Empezaran a beneficiarse cuando consigan una solución y creen estrategias para ustedes mismos y para los demás. Aprenderán a usar la llave para vivir una vida en armonía.

El método de Un día de pensamiento estratégico les espera en este libro. Son breves instrucciones y técnicas.

Para crear nuevas metas, tienen que empezar a actuar. Pero primero necesitan entender el objetivo.

Por favor, pasen las páginas y comiencen a leer.

Visto en una revista

Uno

Los secretos más importantes de la vida

Las instrucciones de Un día tendré éxito son sencillas de entender, y las técnicas son fácilmente aplicables. Cada capítulo les dará ideas seguras, llenas de poder, que les permitirá superar pensamientos antiguos, olvidar hábitos del pasado y aprender nuevas costumbres de éxito. Comenzarán una nueva creencia que les ayudará a crear abundancia y éxito en el camino elegido.

Además, aprenderán que son capaces de plantar en vuestro subconsciente las nuevas semillas para crear un estilo de vida lleno de éxitos. Hay multitud de beneficios cuando consiguen algo después de explorar el mundo. Algunas ideas de este libro pueden ser usadas para cambiar de una manera extraordinaria y beneficiosa vuestra mentalidad. El nivel de pensamiento mejorará después de que se enfoquen en este Método de Un Día. Vuestra confianza y autoestima se elevará. Perderán peso, estarán libres de tensiones y podrán llevar una vida familiar fácilmente.

Les ha sido entregado el poder de la mente y la habilidad de usar estas técnicas para transformar vuestros sueños en una vida mejor.

No hubieran comprado este libro si no fuera porque quieren cambiar para mejor. Han dado el paso correcto.

Una última cosa que deben de recordar: necesitan tener motivación y fe en sí mismos. Si quieren crear algo en esta vida, es posible, y lo pueden hacer.

A propósito, ¿han escrito ya su lista de afirmaciones? Es imprescindible tener una lista de afirmaciones y el primer paso de los diez que tienen que tomar. Se alegrarán de haberlo hecho.

En la vida todo el mundo pasa por experiencias. Si todavía tienen miedo y enfado, deben decidir si vivir con ello o dejarlo ir. La decisión es vuestra. Las experiencias son un aprendizaje para las expectativas futuras, que muchas veces pueden ser dolorosas u horribles. Todo lo que pase, pueden dejar que el miedo se elimine y seguir adelante o guardarlo en nuestro interior. Nadie puede ayudarles con vuestro pasado.

No se preocupen de tener la lista de afirmaciones ahora mismo. Tomen el tiempo y escríbanlo cuando se sientan preparados y cómodos. Quizás necesiten leer este libro dos veces para poder comprenderlo en su totalidad y luego comenzar a elaborar vuestra lista.

Dos

Empecemos Nuestro Extraordinario Viaje

La prosperidad y la felicidad son dos cosas que casi todo el mundo desea pero para muchos estos deseos no se cumplen. En nuestro camino de la vida hay obstáculos que nos impiden conseguirlo.

Tienen la elección de tomar pasos positivos o negativos. La mejor manera de descubrir sentimientos positivos en nuestro interior es empezando a entender nuestras sensaciones internas. Para empezar, comenzaremos tomando un paso de bebé, seguido de otro. No miren hacia atrás, ni miren hacia delante. Estén presentes en el momento actual. Vayan paso a paso y enfóquense en ello durante treinta días. Manténganse positivos.

Se sorprenderán de lo que pueden llegar a conseguir en un corto periodo de tiempo. Después de eso, continúen durante otros treinta días. Esta vez visualicen el objeto de vuestro deseo. Creen la imagen en vuestra mente y sientan el latir del corazón, siempre enfocados en el resultado.

Este es un plan sencillo, positivo que yo utilizo para conseguir mis metas.

Una vez que comprendan estos principios, se sentirán felices, llenos de placer y gratitud, sin importar el stress que tengan en el trabajo o los problemas de su vida cotidiana.

Inténtelo.

La llave de la prosperidad, la armonía y la felicidad está en vuestra mente y en vuestras manos. ¡Sí! Definitivamente está en vuestras manos ahora mismo. Dejen de leer durante dos minutos y miren las palmas de vuestras manos. ¿Qué es lo que ven?

Hay muchas historias, aventuras y conexiones y multitud de líneas de prosperidad, felicidad, éxito, problemas, matrimonio y entusiasmo.

¿Alguna vez se han parado a pensar que afirmaciones les gustaría tener en vuestras vidas? Tómense cinco minutos y escríbanlas. ¿Qué es lo que siempre habéis deseado?

Coloquen esa lista de afirmaciones en el espejo, una pared, una mesa y o en cualquier sitio donde la puedan ver frecuentemente. Si la leen todas las noches antes de dormir, la mente subconsciente la convertirá en realidad.

Si están cien por cien felices con todos los aspectos de vuestra vida y no desean cambiar o aprender algo nuevo cierren este libro.

Pero guárdenlo bajo la almohada hasta que sientan que lo necesitan. Este libro les puede crear una nueva mentalidad pero solo si terminan de leerlo. Entonces vuestra mente se encargará de crear éxito en abundancia para ustedes.

Tres

Vamos A Explorar Como Trabaja Nuestra Mente

Quiero que comprendan quienes sois realmente y como encajar en el gran mundo. Siempre recuerden que necesitan explorar si sois creativos y queréis crecer. Cuanto más larga sea vuestra vida, más se expandirá vuestra mente con nuevas ideas.

Necesitan aceptar el mundo en el que vivís. Necesitan darse cuenta, por ejemplo, cuando están conduciendo. Necesitan llegar a casa rápido, pero el tráfico es denso. Vuestro compañero en el asiento de pasajero os dice que dobles a la izquierda ya que hay un cambio de sentido más adelante. Y vuestro amigo que está sentado detrás os dice que dobles a la derecha, ya que el destino se encuentra a tan solo cinco kilómetros.

Se siente incómodo y frustrado porque no sabe qué dirección tomar. No para de mirar el reloj, ya que es tarde para la cita y el tráfico se mueve con lentitud ya es hora punta. Empieza a pensar si es mejor hacer un cambio de sentido y regresar a casa o proceder a ir a vuestro destino. Tiene que tomar la decisión y no está seguro de lo que hacer. Dondequiera que vaya, debe pensar, ya que el cambio de sentido se acerca. ¿O va a elegir proceder a su destino?

Dé el primer paso; no mire hacia atrás ni haga un cambio de sentido. Manténgase en el medio por unos instantes. Permanezca donde está y proceda a vuestro destino. Contacte con la persona con la que tiene la cita y le informa que se retrasará una hora por el tráfico. Su amigo apreciará vuestra llamada.

Vayan paso a paso y manténganse enfocados. No piensen en lo que los demás están diciendo.

No importa donde esté, sus elecciones no están limitadas. Tiene que elegir entre sentirse mal por perder su cita y sentirse bien de llegar a su cita tarde y dejar que sus amigos esperen en el coche.

Quiero que se sientan bien con cualquier decisión que tomen. Tiene que tomar una decisión ahora. Dé el paso correcto y la ley de la atracción del Universo le apoyará.

Dondequiera que esté, siempre tiene dos caminos. Haga lo correcto, y se sentirá bien porque ha triunfado. Sabe que en los próximos treinta días, va a saber que lo que ha elegido es lo correcto. Es lo único que necesita para materializar su sueño, y se sentirá genial. Naturalmente, habrá escogido los pasos correctos. Se sentirá sorprendido......

Está empezando a aprender a crear un nuevo hábito y a esperar con ilusión los próximos treinta días, un extraordinario viaje hacia una vida positiva.

Tiene que dejar de ir hacia atrás; más bien tiene que enfocarse en ir hacia adelante. Es lo único que necesita hacer. Quiero que se sienta bien consigo mismo. Sueñe con el futuro y empezará a preguntarse cuando su sueño se convertirá en realidad.

¿Suena esto imposible? No lo es. Definitivamente logrará su sueño.

Ahora ya sabe porque todavía no ha conseguido hacer realidad su sueño. Porque estaba en el camino incorrecto. Enfóquese en el Método de Un Día, y olvídese de la manera en que estaba intentando materializar sus metas. Empiece de una manera positiva y no sienta frustrado o piense que no lo puede conseguir.

Enfóquese en el método si realmente quiere conseguir algo.

Cuatro

Elimine Lo Que Solía Hacer

Deje de ver películas negativas y deje de hablar con amistades negativas que siempre le han dicho lo que no puede conseguir. Conozca lo que quiere y la naturaleza lo creará para usted. Sienta la energía. Haga una lista con metas positivas antes de irse a dormir esta noche. Escriba sus deseos. Enfóquese en este método y olvídese del pasado.

No puede ir por dos caminos, ya que sólo existe un camino positivo y es este mismo. ¿Se da cuenta de que se encuentra a tan solo treinta días de que sus sueños se cumplan?

Necesita crear una nueva ley de atracción y formular diez deseos que tenga en su mente. Piense sobre las cosas que siempre ha deseado y escríbalas. Recuerde soñar a lo grande. Visualice una buena situación y no se desvíe de ella.

Concéntrese en todo lo positivo y tenga en mente el Método de Un Día, no su método anterior. Lea su lista de deseos todas las noches antes de dormir. Luego rece para conseguir éxito, ya que las oraciones tienen el poder de crear energía; cuando se despierte por la mana se sentirá diferente. Se sentirá alerta, activo y caminará erguido como una persona de éxito.

Sea positivo, y perdone a todos los que le han hecho daño. Cuando empiece a practicar el perdón, se sentirá mejor sobre su vida. Estará lleno de confianza y sentirá una ligereza en su corazón. Estará alegre y positivo. Se sentirá diferente. Observe todas las emociones que le hacen sentir bien. Si se siente estupendo cada mañana, todas las cosas buenas le llegarán.

Dígase a sí mismo, "Me siento estupendo y solo pensaré en mis metas de hoy". Cree una nueva lista de deseos cada día y actualice su lista de afirmaciones cada semana.

Enfóquese en su lista, día y noche. Tome pequeños pasos para conseguir sus objetivos.

No importa si sus objetivos son grandes o pequeños, siga intentando conseguirlos.

Cinco

No Tengas Miedo

Si la relación más importante que tengas va bien, date una palmadita en la espalda. Tienes que recordar la lección más importante en el Universo de la Vida; debes de ser cariñoso para poder ofrecer apoyo, respetar y entender mejor a otras personas y para poder solucionar problemas financieros, evitando así, situaciones problemáticas y conflictivas. La vida es muy corta, se feliz.

Si la relación va cuesta abajo o no está funcionando de manera correcta, no tengas miedo. Intenta mejorarla. Si continúa sin mejorar, coge tres días libres y haz unas mini vacaciones. Así tendrás tiempo para pensar en tu próximo paso. Cuando estés solo en un lugar bonito y tranquilo serás capaz de pensar mejor, y podrás mantener una profunda conversación con Dios Todopoderoso. También puedes intentar hablar con amigos íntimos o familiares.

Es muy fácil de decir y complicado de hacerlo realidad en el mundo real pero si no lo intentas, nunca sabrás de cómo tener una felicidad duradera. Intentar tomar estos pasos para sentirte bien. Te sentirás mejor cada día.

Seis

Respeta Tus Valores

Aprecia la vida y aprecia a todos los miembros de tu familia, especialmente a tus padres. Respétalos, ya que nunca han dejado de cuidarte. Haz algo diferente para ellos cada año, y crea alegría en sus vidas; han trabajado muy duro y han ahorrado céntimo a céntimo para tu bienestar y tu educación. No les dejes solos o en una residencia de ancianos. Nunca los ignores. ¿Cuándo fue la última vez que hablaste con tu madre o con tu padre o celebraste sus cumpleaños con ellos o los llevaste a cenar o los invitaste a tu casa? Crea la oportunidad hoy mismo.

¿Cuándo fue la última vez que les dijiste a tus padres "Te quiero"? Si nunca lo has hecho, a que estás esperando. Llama a tus padres hoy y diles algo bonito.

Cuando lo hayas hecho, continúa haciéndolo; mantén una buena relación con ellos, eso significará que les estás cuidando. Se sentirán orgullosos de ti. Sin embargo, si no eres capaz de hacer esto o de decirles cosas agradables, deja que comparta contigo tres sencillas palabras: "Te quiero". Con estas palabras mágicas les puedes expresar el amor que les tienes y siente las emociones que te emiten.

Inténtalo. No pierdes nada.

Siempre da gracias a Dios por tener felicidad, prosperidad y muchas otras bendiciones. Da gracias a Dios por todo lo que tienes y todo lo que crees que puedes obtener.

* * *

Da igual si tienes ocho, dieciocho u ochenta
años, siempre puedes mejorar.

Mañana puedes ser mejor que hoy.

Como dice un refrán español "El que no
mira hacia adelante, queda detrás"

Siete

Tu cuerpo es un templo

Cuida de tu cuerpo porque tu cuerpo es tu templo. Cuando cuidas de tu cuerpo, tu cuerpo te cuidará a ti.

¿Cuál es la relación entre la mente y el cuerpo? Cuando sabes lo que quieres, puedes cambiar las vibraciones del cuerpo, ya que éste contiene una cantidad abundante de energía. Cuando realmente empiezas a entender cómo te sientes, podrás entenderlo mejor. Estarás pendiente de tus emociones continuamente. Escoge tus pensamientos ya que estos se tornarán palabras.

Cuando naciste, tu mente estaba abierta y todo lo que veías lo programabas en la mente. Por ejemplo, si pones a un bebé africano en una familia china, con los días y los años, el bebe escucha y ve como hablan los chinos, como se sientan, comportan, visten, así como sus actitudes, cómo ahorran dinero, cuál es su estilo de vida. ¿Creerás que el bebé ya vino programado?

Un día hablé con este chico Africano, que ya es adolescente, y todavía vive con la familia china. El chico hablaba chino mientras se sentaba en un taburete, con unos palillos de madera en una mano y un cuenco de arroz en otra. El chino es el único idioma que domina y es su lengua nativa. Su subconsciente se programó mientras veía y escuchaba. No conocía el idioma africano. Sólo sabía comportarse como una persona china y hablaba chino.

¿Cómo ocurrió esto? Fue porque la mente y el subconsciente controlan la percepción y acepta lo que oye y lo que ve. El chico fue programado para actuar de una determinada manera. Y ustedes pueden programarse a sí mismos. Pueden cambiar su vida.

Pero primero necesitan cambiar el pensamiento. Déjense guiar por pensamientos positivos y practiquen cada día, plantarán una raíz de positividad en vuestras mentes, creando un futuro mejor. Olviden la miseria del pasado. Olviden las antiguas costumbres y concéntrense en como programarse usando este nuevo método. Siempre repitan "consigo dinero de todos lados" y practiquen esta frase todos los días. Siéntanse bien consigo mismo. Créanlo y tendrán éxito algún día.

La gente que les rodea les verá de manera diferente y quizás lo comenten, y les preguntarán si han conseguido un nuevo trabajo o una nueva relación. Su respuesta será "No, nada de eso". Les preguntaran porque están tan felices y donde encontraron tanta energía.

Su respuesta será "Estoy feliz porque mi vida se está moviendo en la dirección correcta".

¿Saben porque parezco feliz? Porque he perdonado a alguien, y estoy pensando situaciones felices. Estoy tomando los pasos correctos, los nuevos hábitos, y olvidándome de costumbres antiguas.

Parezco feliz porque he tomado la sabia decisión de sentirme bien conmigo mismo. Siento la buena energía en mi interior mientras continúo propagando buenos y positivos pensamientos. He dejado de pensar negativamente y ahora solo pienso de esta nueva manera, y me hace sentir feliz.

Todas las cosas buenas llegarán a mi/vuestra vida.

Ocho

La Mente, Una Poderosa Herramienta.

Años atrás, leí un interesante libro que un amigo me prestó. Practiqué el método que contenía y aprendí conocimientos de cómo manifestar mi propio destino y crear magia en mi vida cotidiana. Ese libro me ayudó a encontrar satisfacción. Algunos días, mi vida se rompe al encontrarme con obstáculos por todos lados. He aprendido a lidiar con las dificultades y a ser feliz, entrando en una dimensión de mi vida de crecimiento espiritual.

Básicamente, el libro explicaba que la vida no es nuestra enemiga pero nuestro pensamiento si lo puede ser. La mente es una herramienta muy poderosa que puede ayudarnos o abandonarnos en un momento determinado. Tenemos una elección. Podemos aprender a fluir con la vida, con amor y paciencia, aceptando nuestra situación, o podemos rebelarnos contra ella.

Un amigo mío me aconseja de vez en cuando de que somos seres espirituales teniendo una experiencia humana. Tenemos la capacidad de hacer de nuestra experiencia humana lo mejor que podamos. Tenemos los recursos de vivir una vida plena y feliz a pesar de todos los desafíos a los que nos enfrentemos. Su meta es ayudarme a entender la experiencia real de una vida positiva, siendo más agradecido de lo que lo era antes.

Entendiendo los principios del pensamiento y como aplicarlos en todos los aspectos de mi vida es un regalo valioso y, a su vez, una experiencia humana.

Siempre he aplicado estos principios y he conseguido éxito.

Tú también puedes.

Puedes fracasar de vez en cuando, pero no debes de darte por vencido.

Inténtalo una y otra vez. Un día, encontrarás el éxito que anhelas.

Nueve

Pequeños Pasos

Les dejo una pequeña explicación de cómo utilizo el método de los pequeños pasos. Practico mis pensamientos todos los días echando un vistazo a la lista de deseos positivos que escribí mientras estaba hospitalizado. Cambió mi visión interna creando una imagen en mi mente, que era la imagen de mis resultados. Honestamente, usando el método de Un Día y enfocándome en pequeños pasos, cambié mi forma de pensar, enfocándome únicamente en un estilo de vida saludable para los próximos años.

Sabía que primero tenía que dejar que la amputación de mi pierna derecha sanara pero por lo menos tenía una visión interna de un futuro positivo, creado por mí. Recibí, al mismo tiempo, apoyo y consejos de pensamientos positivos de tres de mis familiares: mi hermano Kishore, mi cuñada Pia y mi gran amigo Vinit, que es un hermano para mí.

Caí en una profunda depresión tras ver que mi pierna, que debería de haber sanado en dos meses, tardo cuatro. Pero fui capaz de eliminar mis emociones negativas y enfocarme en los aspectos que quería cambiar. Exploré todos los recursos al alcance de mis manos, visualizando los diecisiete puntos de mi lista, y comencé una dieta que cubría un periodo de prueba de treinta días. Me sentí muy orgulloso de mí mismo cuando triunfé al acabar.

Hoy, seis años después, he tenido éxito en el camino de mi vida. No he terminado toda mi lista pero soy feliz y he aceptado que todo lo que Dios me ha dado es por mi bien. Me siento una persona de éxito.

Quiero tener más éxito para poder completar mi gran sueño. Manifesté mi propio destino con el apoyo moral de los miembros de mi familia y con las bendiciones de Dios. Como el Dr. Carlson decía, nuestra mente es una herramienta muy poderosa que puede ayudarnos o abandonarnos en cualquier momento.

Me di cuenta un cierto día que quería conseguir algo en la vida. Y como la mente es tan poderosa, tomé los pasos positivos y empecé a desarrollar una mentalidad positiva. Visualicé algunas cosas que podía conseguir. Creí que podía lograrlas. Me imaginé caminando con una pierna de prótesis y con la ayuda de un bastón negro. Esta visualización me ayudó a fortalecer la mente y a poder conseguir lo deseado.

En seis meses empecé a caminar. Seguí practicando para fortalecer mis pasos y me las bendiciones de Dios me ayudaron. Doy las gracias a la Srta. Yvonne que me enseñó a caminar nuevamente. La llamó ángel de Dios. También doy las gracias al Sr. Trevor por su consejo sobre mi prótesis. Me cuidó muy bien.

Empiecen a trabajar y conseguirán todo lo que desean. Crean que lo pueden conseguir. Si no han tenido éxito antes, pueden tenerlo después de leer mi libro y tomando pequeños pasos para conseguirlo. Independientemente de ello, para tener éxito, necesitan escribir sus deseos con mucha convicción en un trozo de papel.

Diez

Mi Mensaje Especial

En un principio, no pensé que mi mente y mi cerebro, pudieran mostrar algo.

Mi intento de imaginar éxito falló muchas veces.

Intente visualizando y practicando continuamente.

Intenté visualizar la lista en mi mente varias veces y me enfoqué en imágenes de éxito. Después de tres años, realmente pude mostrar mi destino.

Tú también puedes

Once

Pregúntate A Ti Mismo

¿Eres feliz? ¿Has conseguido la felicidad que anhelabas? ¿Eres feliz con todo lo que tienes? ¿Deseas ser querido por alguien? ¿Tienes éxito? ¿Estás disfrutando de abundancia y prosperidad? Espero que con este libro consigas todo lo que estás deseando en este instante. Puedes cambiar tu destino o puedes quedarte tal como estás. Tienes la elección en tus manos.

Como autor de este libro solo puedo desearte que un día tengas éxito.

¿Qué significado tiene la abundancia y la prosperidad en tu vida? Dinero, unas vacaciones de lujo, una promoción laboral, un coche, un yate o alguna otra cosa que sueñas. Si quieres atraer abundancia, éxito, prosperidad, riqueza material y muchas más cosas, ¿qué es lo que necesitas hacer? ¿Trabajar más duro o heredar alguna propiedad de tus abuelos?

Maneras prácticas de crear diversión en tu vida y además, abundancia, prosperidad y felicidad.

En primer lugar, necesitas relajarte, mantenerte en calma y meditar durante media hora cada día. Si no estás seguro de cómo meditar puedes encontrar en internet guías prácticas de meditación.

Paso tiempo con tus familiares. Vete de vacaciones o llévatelos durante un fin de semana. Crea diversión, risas, paz y armonía. Te darás cuenta de que tienes la mente completamente relajada y libre de pensamientos negativos.

Limpia todo el desorden que tienes en tu casa y en tu lugar de trabajo. Elimina la negatividad de tu vida; tira todas las cosas innecesarias. Piensa únicamente en la ley de atracción universal. Lee tu lista de afirmaciones diariamente o por lo menos, una vez a la semana. De esta manera te aseguras de atraer solamente cosas positivas.

Una de las cosas que amo de la ley de atracción es que te guían a manifestar lo que deseas y al mismo tiempo, crea energía positiva, atrayendo un futuro lleno de prosperidad y felicidad. En cuanto deseas algo y tomas la firme decisión de conseguirlo, estos pensamientos fluirán por el universo. Puede que no lo consigas mañana, quizás tampoco en las próximas dos semanas, pero te llegará cuando menos lo esperes; te cogerá por sorpresa. Sabrás cuando lo has conseguido.

Todo lo que deseamos, nuestro subconsciente lo atraerá. El espíritu del Universo está con nosotros a diario. Una vez que aprendamos la forma de manifestar nuestros deseos, no volveremos a tener una vida corriente. Podemos enfocarnos en la ley de la atracción natural para conseguir un vehículo, un trabajo, una propiedad, una inversión, una relación, etc… Crea algo personal y, elige un camino positivo para no volver a caer en la negatividad. Deja de nombrar y decir cosas negativas (como en el pasado) y enfócate en hablar de manera positiva (la nueva manera). Mientras hablas, la mente creará su propia melodía, apreciando todo lo que tienes y todo lo que te queda por llegar.

Los sueños se hacen realidad.

Lograr objetivos es posible; solo necesitas seguir la receta del éxito.

Este libro es tu primer pequeño paso.

Doce

No Busques Problemas, Busca Soluciones.

La mayoría de la gente asume que la única manera de solucionar un problema es trabajando en ello. Interiormente sabemos que para cada problema existe una solución.

Una vez que aprendas a manifestarlo no volverás a tu vida pasada.

Enfócate en la ley de atracción natural para conseguir un vehículo, un trabajo, una inversión, una propiedad o una relación. Crea algo eficaz y elige un camino positivo para no caer en la negatividad nuevamente. Deja de decir, "Tengo problemas" (costumbres pasadas) y enfócate en hablar positivamente (la nueva costumbre). Tu mente se acostumbrará a enfocarse en cosas positivas.

¿Qué significado tiene la "ley de atracción" y cuando se descubrió?

Según Wikipedia,

> La ley de la atracción es el nombre dado a la creencia de "atraes lo que piensas" y enfocándonos en pensamientos positivos o negativos podemos conseguir resultados positivos o negativos. Esta creencia está basada en la idea de que las personas y sus pensamientos están hechos de "energía pura" y la creencia de que una energía atrae otra energía. Un ejemplo utilizado es que si una persona abre un sobre esperando encontrar una factura, la ley de la atracción "confirmará" esos pensamientos y la factura se materializará al abrir el sobre.

Una persona que espera encontrar un cheque, bajo la misma ley de atracción, tendrá un cheque en su interior en vez de una factura.

La historia: Thomas Troward, que tuvo una fuerte influencia en el Movimiento del Nuevo Pensamiento, afirmó que "la acción de la mente planta tal semilla que si se deja tranquila atraerá las condiciones necesarias para manifestarse de manera visible".

De 1901 a 1912 el escritor inglés del Nuevo Pensamiento, James Allen, escribió una serie de libros y artículos. Es famoso por escribir "As a man Thinketh" "Como el hombre piensa" en 1902. Es un buen libro para leer.

La ley de la atracción también se ha popularizado gracias a libros y películas como "El Secreto".

Si no han tenido ocasión de leer el libro o ver la película, se las recomiendo.

Trece

¿Cómo Podré Tener Éxito?

Ya conocen mi Método de UN Día, pero tendrán que trabajar mucho para llegar a creérselo. Acabo de finalizar mi lista de afirmaciones y empezaré por tomar pequeños pasos para poder llevar una vida positiva. Esto es lo que hemos aprendido hasta ahora:

*necesitamos una lista de afirmaciones

(¿Ya las has creado?)

¿Cómo llevas tu vida positiva?(es hora de visualizar el futuro)

Debes de crear tus propios sueños

Puedas crear grandes oportunidades para ti y para tu familia.

El siguiente paso es comer sano y obtener éxito algún día, manifestando abundancia, prosperidad y felicidad. Existen otros tres secretos para poder obtener éxito.

Mis secretos pueden cambiar tu vida y tus creencias para convertirte en mejor persona, una persona que respeta a sus mayores, un éxito de persona.

Necesitan saber equilibrar estos secretos; cuando lo consigan, tendrán éxito.

Catorce

¿Qué Es El Éxito?

Nos convertiremos en aquello en lo que pensemos. En primer lugar, debes de sentirlo y luego creer en ello. Debemos de motivarnos e imaginar una vida exitosa. Podemos manifestar cosas buenas; simplemente necesitamos visualizarlas sincera y honestamente.

Si solo pensamos en cosas negativas, hablamos negativamente, tenemos energías negativas, no creemos en anda y tenemos miedo de tomar pequeños pasos, nos sentiremos mal, tendremos recuerdos malos y conoceremos a las personas equivocadas.

Hablar negativamente de situaciones pasadas y que nos gusten los chismes, degradan nuestras emociones internas y perdemos el tiempo. Recibiremos vibraciones negativas por tener una mente nociva y también miedo de lograr nuestros sueños. Miedo, miedo, miedo….

Una cosa que debemos de recordar es que venimos a este mundo solo por una vez, ahora es el momento de permitir que nuestros sueños se cumplan. ¿Si no es en este momento, cuando tomarás tu primer paso? Debemos de abrazar el miedo y convertirlo en un amigo. Conocer al Sr. Miedo e invitarlo a convertirse en nuestro mejor amigo. Si sois capaces de lograr esto, no tendrán ningún problema en tomar el siguiente paso, convertirse en una persona positiva y disfrutar del éxito en todos los ámbitos. Crean en mí y crean en sí mismos, el miedo es sólo una sombra.

Recuérdenlo.

Crean en sus posibilidades. Sentirán energías y sensaciones positivas fluyendo al exterior, y tendrán pensamientos positivos arraigados en vuestra fuerza interior.

Quince

Rodéate De Amistades Positivas

Sientan como el espíritu mágico del Universo les llena.

Renueven sus amistades, buscando aquellas que puedan apoyarles con valentía, empujándoles hacia una vida positiva. Se sentirán únicos y diferentes, y amarán todo lo que hagan. Quizás este es el momento idóneo. Tendrán el coraje para llevar a cabo las acciones soñadas y la energía emocional para enfrentarse a la nueva realidad. Se sentirán llenos de optimismo, y cada día amanecerán con nuevas resoluciones.

Ahora deben de fijarse las metas que quieren conseguir. El secreto de una vida saludable radica en visualizar mentalmente felicidad, prosperidad, alegría y éxito. Necesitan crear el deseo...necesitan tener hambre de éxito...necesitan enfocarse plenamente y concentrarse...necesitan soñar más a menudo y convertir esos sueños en realidad...necesitan respirar profundamente, exhalar toda la negatividad acumulada de nuestra vida e inhalar la positividad de los logros soñados. Creen una energía extraordinaria llena de prosperidad y abundancia para ustedes y para todos los seres queridos.

Les explicaré cómo se consigue.

¿Saben que el Universo cede ante nuestros deseos?

Deben de ser felices. Tener metas. Sin felicidad, no existen los sueños. Recuerden que necesitamos tener ilusiones y cambiar nuestra mentalidad. ¿Qué es un cambio de mentalidad?

En primer lugar, es necesario ser feliz, y esa felicidad no debe de estar unida a nuestros objetivos. Deben de ser felices antes de lograrlos, entonces es cuando fluye hacia nosotros. Básicamente, necesitamos ir con la corriente; ser felices en el momento presente. La felicidad llega del camino hacia el éxito. Necesitamos ordenarnos diariamente a ser felices. Mucha gente sale hacia el trabajo todas las mañanas y no ganan mucho, y esta circunstancia les hace estar infelices. No pueden fluir con positividad porque no son felices.

Pueden manifestar una gran visión, pero si no están felices, no podrán fluir libremente. Si no les gusta en lo que están trabajando, deberían de tomarse una semana libre para pensar, y luego decidir si quieren dejar ese trabajo. Deberían trabajar en algo que les apasione, busquen un trabajo que amen. ¡Será solo entonces cuando podrán tener éxito!

Ya sabemos que tenemos que ser felices antes de tener éxito con nuestros objetivos. Tenemos cuatro estados mentales. ¿En qué estado se encuentran en este momento?

1. **Negativo.** Quizás tengan un buen trabajo pero se sienten deprimidos por lo que ganan o porque están intentando impresionar a otros. Si pierden mucho tiempo concentrándose en las vidas de los amigos, nos olvidamos de quienes somos. Mi consejo: no tengáis miedo de las críticas ajenas. Concéntrense en quienes sois y enseñen al mundo vuestra cara real. Eviten decepcionarse. Si no consiguen tener pareja, no se preocupen. Algún día estoy seguro que lo conseguirán. Quizás ahora no es momento adecuado.

2. **Depresivo.** Todo lo que tocan o sienten, es deprimente. Sienten que no tienen suerte. Cada uno trae su suerte. Salgan de ese abismo y repitan estas frases, "soy positivo", "puedo lograr mis objetivos", y lo conseguirán. Simplemente repitan continuamente, "yo puedo".

3. **Presente**. Sean felices en este momento. Tienen un gran trabajo, una casa, una vida matrimonial feliz, pero se sienten aburridos.

4. **Exitoso.** Han nacido con una cuchara de plata en la boca, pero se sienten solos.

Si se encuentran en cualquiera de estos estados, no le den mucha importancia. Concéntrense en leer este libro hasta el final y las respuestas las tendrán en su mente en unos pocos días. Habrán comenzado el camino hacia una vida llena de éxitos.

Sientan el poder.

Tienen que sentirlo, y disfrutar de esas sensaciones positivas con amigos.

Crean en sí mismos.

Crean que lo pueden conseguir.

Es posible.

Si….es posible.

* * *

Recen

Al rezar, no debemos de pedir nada a cambio.

No recen cuando llueve si no rezan cuando brilla el sol.

Rezar es hablar con Dios, y meditación es cuando escuchamos a Dios.

Recen no porque necesiten algo si no porque tienen mucho que agradecer a Dios.

Amen

¿Qué es lo siguiente?

Necesitan cambiar y empezar a practicar todo lo que han aprendido hasta ahora. Disfruten de este gran momento, de "Un Día tendré Éxito"

Necesitan tener hambre de prosperidad y éxito.

Sólo entonces funcionará este método.

Dieciséis

Imprescindible Comer Sano

Compartiré otro lado de la historia, un aspecto muy importante de nuestra rutina diaria. Comer sano es una de las mejores cosas que se pueden hacer para uno mismo; cuando estamos sanos, vivimos mejor y no necesitamos visitar al médico con mucha frecuencia.

Únicamente necesitamos una tabla de Excel para poder crear una lista de alimentos y controlar la comida y los líquidos ingeridos diariamente. Podemos seguir un régimen o una dieta, pero quizás un 98%, permitiendo algún que otro capricho de vez en cuando. Debemos de pesarnos cada semana.

Practicaremos este método, contando las calorías ingeridas, durante una o dos semanas. Después de ese tiempo, la mente se encargará de todo, y se darán cuenta de que es saludable de comer y beber. Ni siquiera es necesario seguir una tabla para poder perder peso. Cada técnica de este libro se puede aplicar con la ayuda de un lápiz y un papel.

Normalmente no suelo usar el sistema métrico o estudios preliminares aburridos y me disculpo por ello. He aprendido a crear un menú saludable y un plan de ejercicios de una manera sencilla: la energía de la comida se calcula en kilojulios, la unidad métrica de energía. Para convertir los kilojulios en calorías, tenemos que dividir los kilojulios entre 4184. Un simple conocimiento crea maravillas.

Me di cuenta que para perder peso rápidamente, necesitaba comer menos. Después de unas semanas, no estaba perdiendo el peso de la manera en que deseaba. Me sentí desilusionado y frustrado, pensé que tendría que comer incluso menos.

Mi nutricionista, la señorita Helen, me dijo, "¡Para ya! Déjame explicarte que es lo que está pasando dentro de tu cuerpo y comer poco no es la solución". Me comentó que el primer paso para perder peso era reorganizar mis metas. En vez de pensar en perder peso, necesitaba concentrarme en perder grasa corporal e incrementar o mantener la masa muscular, dependiendo de mis preferencias.

Para ayudarme a perder peso, la señorita Helen me comentó que muchas personas empiezan una dieta con ayunos o saltándose comidas. Luego empiezan a sentirse decaídas y hambrientas, aunque pierden peso fácilmente, unos tres o cuatro kilos en una semana.

Me organizó una dieta programada, que contenía de cinco a seis comidas al día; de 38 a 42 por ciento de hidratos de carbono, 42ª 50 por ciento de proteínas, 15 por ciento de grasas, y el resto fibra. Tenía que eliminar toda la comida rápida y procesada y el azúcar, y en cambio optar por comidas naturales. Nunca saltarse una comida o quedarse con hambre. Es muy perjudicial para el organismo saltarse las comidas.

Básicamente es un método de pérdida de peso, donde aprenderemos a comer saludablemente.

Antes de comenzar este programa debes de saber cómo te encuentras. Empezaremos pesándonos y anotando el peso en nuestra hoja de Excel, que será nuestra tabla de alimentos y bebidas. Cada día debemos de anotar todo lo que ingerimos y el ejercicio que realizamos. Una vez que empecemos a anotar, nos daremos cuenta de muchas cosas que antes ignorábamos. Quizás estemos comiendo demasiado o bebiendo demasiado alcohol y no nos damos cuenta de las calorías que suman y suman. Entendiendo lo que comemos diariamente nos enseña a saber lo que necesitamos cambiar.

El siguiente paso, o el siguiente método de perder peso es muy importante. Tenemos que crear un plan alimenticio saludable para un largo período de tiempo. Si tomamos la decisión de cambiar nuestros hábitos alimenticios debemos de hacerlo por el resto de nuestra vida.

Lean mi libro frecuentemente. Si se sienten poco motivados este libro les dará un empujón que les ayudará a empezar un nuevo programa de vida saludable.

Diecisiete

Un Sencillo Método Para Mantenerse Sano

Eliminen o reduzcan las grasas saturadas y los azucares, aumenten la ingesta de agua, entre dos y dos litros y medio al día. Incorporen una rutina de entrenamiento corporal tres o cuatro veces por semana. Diariamente hagan ejercicio durante media hora y otra media hora de rezos espirituales. Tengan paciencia y permitan que su cuerpo queme la grasa acumulada. Normalmente deberían de reducir 1.5 libra (6 kilos) de grasa corporal al mes sin sacrificar los músculos.

No cometan el error de comer menos para perder peso rápidamente. Intenten perder grasa y aumentar musculatura a través de una dieta correcta y un ejercicio adecuado. Este camino les llevará a conseguir el cuerpo que desean, delgado y tonificado.

- Dieta sin entrenamiento=pérdida de grasa y musculatura= versión más pequeña de nuestro cuerpo; sensación de debilidad y decaimiento.

- Dieta con entrenamiento= pérdida de grasa y mantenimiento de la musculatura= cuerpo tonificado

Está clara la opción ganadora.

Recordemos:

- La dieta descompone los músculos.
- El entrenamiento los recompone.

- El entrenamiento te energiza.
- El entrenamiento te hace fuerte.
- El entrenamiento previene lesiones en la espalda.
- La fuerza te da confianza y facilita las actividades diarias.
- El entrenamiento de fuerza es más beneficioso que los ejercicios cardiovasculares.

Programa de pérdida de peso; empezar la próxima semana.

La mayoría de los libros te animan a empezar tu dieta en este mismo instante.

Pero si empiezan ahora y lo dejan en un mes, no tiene la determinación suficiente.

¿Entonces por qué empezar?

Recuerda,

Saltarse comidas, especialmente el desayuno, dificulta la pérdida de peso.

¿Saben por qué?

Los que se saltan el desayuno ingieren mucha más cantidad de alimentos en la siguiente comida.

Dieciocho

Comenzar Una Dieta

Espera una semana antes de empezar el plan dietético. La semana anterior, escribe tu plan y tu meta en tu agenda, en tu teléfono móvil o en un papel y pégalo a la pared, al espejo o al armario. Lee la lista todas las mañanas y todas las noches. Piensa sobre ello y visualízalo y se convertirá en realidad en tu mente y en tu subconsciente. Ten en mente tu objetivo final. Piensa sobre los alimentos saludables que disfrutarás cuando comiences a perder peso.

Planea un menú para toda la semana, empezando un lunes. Para obtener información sobre lo que debes o no debes de comer, lee los siguientes consejos. Te asegurarás que todas tus comidas están equilibradas siguiendo estos sencillos pasos.

Consejos sobre el plan de nutrición y dieta

Estas son las recomendaciones que sigo. Tengan la libertad de enviarme los comentarios o consejos que crean oportunos directamente a mi correo electrónico o pueden subirlo a mi página de Facebook.

Come menos que la semana pasada. En vez de comer tres veces al día, divide tus comidas en pequeñas porciones, y cómelas durante todo el día. Yo comía tres veces al día y añadía un tentempié a las tres de la tarde y otro al anochecer. Haciendo pequeñas comidas a lo largo del día evitaba que tuviera hambre, pero en realidad comía menos en total.

Desayuna todos los días. Esto es imprescindible. Debemos de desayunar saludablemente todas las mañanas para poder llevar a cabo todas las tareas cotidianas y sentirnos positivos durante todo el día. Cuando se salta el desayuno, hay tendencia a tener problemas gástricos o dolores de cabeza, por pasar muchas horas sin haber consumido nada. Comer fruta acompañada de un desayuno nutritivo impedirá que te sientas cansado o débil. El desayuno recarga el cerebro y el cuerpo y estarás preparado para realizar todo lo que te propongas. Preparar un buen desayuno es rápido y fácil; puedes comer cereales con leche desnatada. Añade una taza de té, evita el café ya que la mayoría de los granos de café han sido tostados en aceite o mantequilla.

El tiempo que inviertes en preparar el desayuno es muy valioso y el saltarse las comidas está directamente relacionado a la obesidad.

Diecinueve

La Escalera De La Salud

Si piensas que no puedes hacer ejercicios, inténtalo. No digas que no. O considera otras opciones o actividades que puedas practicar en tus ratos libres.

Una persona de constitución normal puede quemar muchas calorías en una hora y es muy sencillo. Puedes quemar 100 calorías cada hora estando de pie y 80 calorías durmiendo. Vete a la cama pronto, duerme ocho horas, y despierta temprano cada mañana. Es algo saludable y beneficioso.

Caminar rápido puede quemar 200 calorías por hora y nadar casi 400 calorías. Un tenista activo puede quemar 450 calorías cada hora de entrenamiento. Correr te ayuda a quemar 600 calorías. Siempre realiza ejercicios seguros.

Mi consejo es que empieces caminando, que te ayudará a quemar entre 90 y 100 calorías la hora. Siempre recuerda lo siguiente.

- ¡Una barra de chocolate son 500calorías!
- ¡Una hamburguesa de ternera son 560 calorías!
- ¡Una hamburguesa de pescado son 380 calorías!
- ¡Tres porciones de pizza son 500 calorías!
- ¡Un tazón de sopa de tallarines asiáticos son 490 calorías!

Antes de probar bocado, comprueba la etiqueta. Te sorprenderás. Ahora ya sabes que una hora de ejercicio al día no es suficiente si comemos comida no saludable. Estén muy atentos a lo que ingieren.

Antes de comenzar cualquier dieta es recomendable acudir a vuestro médico para pedirle consejo.

Pueden convertirse en personas delgadas y sanas, tanto física como mentalmente. No busquen excusas o se sientan fracasados. Eliminen el "no puedo" y cámbienlo por "sí…es posible".

Manténganse animados y crean que lo pueden conseguir, Puede que tarden seis meses, un año o dos años. Pero nunca se rindan.

Veinte

Consejo De Un Médico

Nuestro cuerpo se compone de un 75 por ciento de agua, y esta agua lo perdemos mediante el ejercicio, caminando, corriendo, orinando…

Piensa en lo que necesitas realmente para sobrevivir: ¿es agua, comida o aire?

El gracioso consejo de mi médico fue que la generación de hoy en día piensa que para sobrevivir es imprescindible las redes sociales.

El agua forma parte importante en nuestro cuerpo. Aproximadamente, el 80 por ciento de nuestro cuerpo es agua. El 70 por ciento de nuestro cerebro es agua y la masa muscular también contiene un 75 por ciento de agua. Además, el 90 por ciento de nuestra sangre es también agua.

Cada día, debemos de tomar dos litros de líquidos, pueden ser en forma de sopa, agua, té, infusiones o zumos.

¿Cuál es la mejor hora para beber agua?

- 200 ml de agua al levantarse por la mañana

- 200 ml de agua antes de ducharse

- 100 ml de té o café con el desayuno

- 200 ml de agua antes de empezar a trabajar

- 200 ml de agua media hora antes de almorzar

- 200 ml de agua media hora después de almorzar

- 100 ml de té o café a media tarde

- 200 ml de agua por la tarde

- 200 ml de agua media hora antes de la cena

- 200 ml de agua media hora después de cenar

- 200 ml de agua antes de dormir por la noche

Siguiendo este método, beberán dos litros de agua al día.

Ahora díganme, ¿es tan difícil de hacer? Yo no lo creo, es saludable beber agua, ya que contiene cero calorías. Pero a muchas personas no les gusta beber agua, y no estoy seguro de porqué.

Veintiuno

Información Importante

Las tres enfermedades más comunes, y que van al alza, son el cáncer, los ataques al corazón y las trombosis profundas. Si están bajo tratamiento, por un cáncer, o por problemas de corazón, vuestro medico les aconsejará una dieta saludable. Tendrán que evitar los dulces, comidas picantes, sal, alcohol y el tabaco.

Además, seguramente estarán tomando Coumadin o Warfarin como parte del tratamiento. Yo estoy tomando Warfarin, un anticoagulante (diluyente de la sangre) usado para trombosis venosas profundas y otros problemas de salud. Los pacientes que sufren del corazón también los toman. El Warfarin reduce la formación de coágulos en la sangre y previene los ataques de corazón y los ictus.

La dosis estará monitorizada por vuestro medico; se analizara la sangre cada cierto tiempo para asegurarse que la dosis es correcta. Es importante que hagan todo lo posible para ayudar a que esta medicación cumpla sus propósitos. Esto incluye evitar suplementos dietéticos, minerales y hierbas que interfieran en la medicación.

Si están tomando esta medicación no empiecen una dieta sin consultar con su médico. Coman alimentos sanos y equilibrados. Es importante no empezar un régimen de pérdida de peso o cambiar los hábitos alimenticios repentinamente.

Si empiezan a tener síntomas adversos al empezar un régimen, son incapaces de comer durante varios días, o tienen fiebre o diarreas, consulten con su médico inmediatamente. La falta de comida hace bajar los niveles de vitamina K en el cuerpo y afecta al tratamiento de Warfarin. Estas precauciones son importantes, porque los efectos beneficiosos del Warfarin dependen directamente de la cantidad de vitamina K que hay en nuestro cuerpo.

Voy a compartir otra enfermedad que hasta ahora no tenía cura: lupus. Hay pacientes sufriendo de diferentes tipos de lupus actualmente y globalmente hay cinco millones de personas con esta enfermedad.

¿Qué es lupus?

El lupus afecta a las articulaciones, los músculos y otras partes del cuerpo. Se describe como una enfermedad autoinmune. Por una causa desconocida, las personas que sufren de lupus crean anticuerpos que luchan contra las bacterias y los virus pero, sin embargo, atacan las células sanas. Esto produce inflamaciones en diferentes partes del cuerpo, dolores e hinchazones.

El lupus puede afectar a la piel, corazón, pulmones, sistema nervioso, riñones y la sangre – especialmente al sistema inmunitario. Es una enfermedad crónica, que durará largo tiempo, posiblemente el resto de tu vida. Aunque la mayoría de las personas que tienen esta enfermedad, tienen periodos de remisión y mejoría. Algunos de los pacientes tienen recuperaciones largas.

¿Quién puede sufrir de lupus?

Hay estudios que confirman que los hindúes y los chinos tienen el doble de posibilidades de sufrir de lupus comparados con los europeos. Los que sufren de esta enfermedad se encuentran mayoritariamente en Asia.

¿Qué causa el Lupus?

No tenemos certeza de la causa del lupus. Hay personas que heredan la posibilidad de contraer este tipo de enfermedades. Los estudios sugieren que un virus sin identificar desencadena la enfermedad. Hay medicamentos indicados para personas con problemas de hipertensión o tuberculosis que crean síntomas similares a la enfermedad de lupus, pero estos síntomas desaparecen al suspender el tratamiento. La exposición prolongada a la luz del sol también desencadena esta enfermedad en algunas personas.

Síntomas de lupus

El lupus se presenta de diferentes maneras. El comienzo es gradual, con una ligera sensación de enfermedad, hasta que aparecen los síntomas. Éstos varían, pero los más comunes son:

- fiebre
- dolor de cabeza
- fatiga
- depresión
- pérdida de apetito
- pérdida de peso
- hematomas
- dolores y molestias
- inflamación
- pérdida de pelo
- glándulas inflamadas

Los siguientes síntomas son más propicios del lupus:

- irritación alrededor de los cachetes y la nariz
- irritación tras exponerse a los rayos del sol o a rayos ultravioletas
- ulceras bucales
- artritis en dos o más articulaciones
- dolor en el pecho al inhalar profundamente
- ataques epilépticos
- anemia
- enfermedad de Raynaud (los dedos se vuelven blancos y/o azules en el frio)

Diagnóstico del lupus

El lupus es sencillo de diagnosticar cuando una persona tiene muchos de estos síntomas pero es complicado si solo tiene varios.

Los análisis clínicos ayudan a confirmar o a rechazar el diagnóstico. Estos análisis incluyen un estudio de la sangre y la orina. Los análisis específicos buscan los anticuerpos – los que están en el ADN. Más del 99 por ciento de las personas afectadas con lupus dan positivo en este test. Sin embargo, solo el 30 por ciento de las personas con este test positivo, desarrollan la enfermedad.

Tratamiento

El lupus es una enfermedad impredecible, pero en la mayoría de los casos, es tratada con éxito. Una vez que empieza el tratamiento adecuado, es importante que los pacientes informen a su médico de todos los cambios en los síntomas, para poder controlar y, en su caso, cambiar la medicación.

Medicamentos para el Lupus

Corticoides

El medicamento más utilizado es el Prednisolone. Los esteroides son drogas de gran alcance que evitan las inflamaciones y son comúnmente utilizadas para controlar los efectos del lupus. Es importante que los pacientes se adhieran a las dosis recomendadas. Si la dosis se reduce repentinamente la enfermedad puede estallar de improviso. Nunca cambien la dosis sin consultar con su médico, ya que el efecto puede ser realmente perjudicial.

Medicamentos para prevenir malaria

Estos medicamentos son efectivos para reducir la inflamación y controlar los problemas de la piel. Reducen los efectos de la sobre exposición al sol.

Aspirina y otros medicamentos antiinflamatorios

La aspirina y otros medicamentos antiinflamatorios, como el Indocid, Clinoril, Brufen, Naproxen, son los únicos medicamentos que un doctor recetará para controlar los dolores y reducir la inflamación.

Medicamentos inmunosupresivos

Estos medicamentos se usan conjuntamente con los corticoides para controlar los casos más severos de la enfermedad. Si están tomando estos medicamentos, tendrán que realizarse análisis de sangre frecuentemente, ya que este medicamente interfiere con la producción de células sanguíneas.

Pomadas y cremas de la piel

Su médico puede recetarle crema que contengan protector solar para prevenir daños. Estas cremas controlan la irritación de la piel.

Embarazo y lupus

El embarazo puede ser realmente problemático para mujeres afectadas de lupus. Aunque la mayoría tiene embarazos normales, hay un riesgo elevado de aborto. Los síntomas de la enfermedad aumentan tras el parto. El importante que la paciente y su médico analicen el tratamiento y el mejor momento para poder quedarse embarazada.

Hacer frente al Lupus

En una enfermedad crónica como el Lupus, los problemas sociales y emocionales son comunes. Puedes experimentar sensaciones de miedo, enfado y depresión. Es de gran ayuda poder hablar de lo que sientes con alguien que comparta la misma enfermedad.

Hacer ejercicio y buscar maneras de relajarse es una manera sencilla de hacer frente a la enfermedad. Un apoyo moral también ayuda mucho.

Puede incluir familia, amigos, grupos de apoyo o médicos. Los grupos de apoyo ayudan a sentirte mejor y mantener el optimismo.

Asociación de Lupus (Singapur)

La asociación de Lupus de Singapur es un grupo de auto ayuda dedicado a ofrecer apoyo a los pacientes y a sus familias. El grupo proporciona apoyo práctico y la posibilidad de compartir las experiencias con otros pacientes que tienen la misma enfermedad. Esta asociación está dedicada a investigar la enfermedad y mejorar el conocimiento de la misma, especialmente entre los afectados y sus familias.

(La información contenida en este libro sobre esta enfermedad ha sido sacada de la página web de esta asociación. Para más información, visiten la página web: http://e-lupus.org

Las consultas a nivel internacional se pueden enviar a la siguiente dirección: enquiry@e-lupus.org

Pueden suscribirse a la página de Facebook: http://www.facebook.com/lupusassociationsg)

¿Cómo se trata el Lupus?

Necesitarán de varios especialistas médicos para poder tratar los numerosos síntomas de la enfermedad. Vuestros médicos incluirán:

- médico de cabecera
- reumatólogo, especialista en tratar artritis y enfermedades del sistema inmunitario
- nefrólogo, especialista en tratar enfermedades de los riñones
- hematólogo, especialista en tratar enfermedades de la sangre
- dermatólogo, especialista en tratar enfermedades de la piel
- neurólogo, especialista en tratar enfermedades del sistema nervioso
- cardiólogo, especialista en tratar enfermedades del corazón y las arterias

- endocrino, especialista en tratar enfermedades de hormonas y glándulas
- enfermeras
- psicólogos

Su médico de familia o cabecera le recetará un plan de tratamiento que se ajuste a sus necesidades. Tendrá que revisarlo frecuentemente para asegurarse que está funcionando. Cualquier síntoma se debería de comunicar inmediatamente para poder cambiar o modificar la medicación en caso de que fuera necesario.

Los objetivos de un plan de tratamiento deben de incluir:

- Prevenir brotes inesperados
- Tratar los contratiempos
- Reducir el daño a los órganos internos

Cambio de estilo de vida

Son necesarios los cambios de hábitos para prevenir recaídas.

- Evitar tomar el sol
- Evitar los rayos solares entre las 11 y las 17.00
- Usar crema protectora solar en las manos y la cara
- Usar ropa que proteja de los rayos solares
- Realizar ejercicio regularmente
- Beber de 1.5 a 2 litros de agua diariamente
- Comer alimentos saludables
- Evitar el alcohol y no fumar
- Dormir mínimo ocho horas diarias

Comprometerse a lo siguiente

- Consumir tres comidas saludables y tres tentempiés cada día.
- Planear tu dieta y siempre tener alimentos frescos y bajos en grasas a mano.

- Haz una dieta sencilla. Sin muchas especificaciones. Empieza contando las calorías.
- Mastica tu comida lentamente y habla más con tus amigos y personas queridas mientras comes.
- Haz elecciones saludables de alimentos como frutas, verduras, cereales integrales, legumbres, lácteos desnatados, carne baja en grasa, pescado y aves sin piel.
- Evita comida aceitosa y llena de grasa y calorías
- Evita comida dulces o con mucho azúcar, y elimina dulces, golosinas y bizcochos.
- Come una variedad de frutas y verduras.
- Empieza comiendo cinco porciones de frutas y verduras cada día.
- Mantén una vida sencilla y sana, y casi todas las enfermedades estarán bajo control.

Piensa,

Vivimos en la tierra solamente una vez.

Ahora es el momento de empezar a tomar pequeños pasos y empezar el desafío de convertirte en una nueva persona.

En la vida, hay muchas cosas que podemos controlar, pero hay dos cosas que escapan de nuestro control, la vida y la muerte.

Estas dos cosas no están en nuestras manos,

Pero puedes manifestar todo lo demás.

No te retrases. Arranca el motor hoy mismo.

Veintidós

Hambre De Éxito

¿Has escrito ya tus deseos, por orden de importancia del 1al 10? Si aún no lo has hecho, deja de leer este libro ahora y coja papel y lápiz. Piensa en todos tus deseos y anótalos.

Has comenzado a desear y esta de afirmaciones será únicamente para tus ojos. Nadie tiene porque verla, así que puedes escribir tus más secretas ideas para poder visualizarlas diariamente. Añade ideas creativas y sueños que te surjan de repente. También puedes escribir pequeñas anotaciones sobre tus deseos en cualquier lugar donde puedas verlos cada día. O diseñar una pared en tu casa u oficina para poder pegar tu lista de deseos. Podrás verla y visualizarla cuando desees.

Verás como todos tus deseos se van haciendo realidad en un periodo de uno a cinco años.

Intenta completar tu lista de afirmaciones esta misma noche o hasta finales de esta semana. Acuérdate de anotar todas las afirmaciones que incluyan abundancia y prosperidad y sueña que es posible conseguirlo. Usa tus pensamientos cuidadosamente, visualizando las imágenes continuamente en tu cabeza. Imagínate rodeado de energía positiva y siente esas vibraciones positivas rodeando todos tus deseos. Si es posible, léelas en voz alta unas tres veces para que el Universo también pueda llegar a escuchar tus palabras.

No escatimes en planificación ni en confianza. Si piensas que te hace falta algo, este plan no funcionara y te sentirás decepcionado. Elimina toda la negatividad que haya en tu mente y en tu vida y enfócate únicamente en pensamientos positivos y, lo más importante, créelos.

Sé que puedes tener éxito. Te sentirás orgulloso de haber superado multitud de obstáculos. Enfócate en las metas positivas y definitivamente serás feliz un día. Te sentirás maravillosamente bien de haberte convertido en una persona de éxito que ha conseguido abundancia y prosperidad en todos los ámbitos de la vida.

Empieza el camino hacia el éxito ahora mismo. No tires la toalla fácilmente. Si fallas, inténtalo una y otra y vez.

Veintitrés

¿Qué Es La Prosperidad?

En mi vida, la familia ocupa el primer lugar, el amor el segundo, las inversiones de trabajo el tercero, las amistades el cuarto y, en último lugar, los lujos. Adicionalmente, me encanta ayudar a amigos y desconocidos, ofreciéndoles consejos sobre el éxito y otros temas positivos.

Ahorrar es muy importante. No suelo gastar mucho y tampoco creo en hacerme rico repentinamente a través de loterías o premios; el único que gana es el que tiene el poder del juego y las probabilidades no suelen estar de mi lado.

Por ejemplo, tienes un buen trabajo en una compañía y tu sueldo se ingresa en tu cuenta corriente personal. Para poder ahorrar, abre un plan de ahorro e informa a tu banco que un 10 o un 20 por ciento de tu sueldo se transfiera directamente a la Déjala abierta y cuenta de ahorros. No pidas una tarjeta de crédito para esta nueva cuenta y actualízala cada año. Desde ese momento, no retires ningún dinero, para no perjudicar tu nuevo plan de inversiones.

¿Qué puedes conseguir con un 10 o 20 por ciento de tu sueldo? Es un pequeño importe pero al cabo de dos años, cinco o diez, te darás cuenta de lo rico que te has convertido ahorrando sencillamente.

Hoy en día, la gente suele tener una o dos casas. Si no tienes una propiedad, no te preocupes. No desesperes, ya que los precios de las casas en Asia en el 2014 y 2015, han sido lo más altos nunca vistos. Suele ocurrir una recesión cada seis años y quizás en el continente asiático sea el año 2020, aunque muchos inversores inmobiliarios predicen que será entre el 2016 y 2017. Compra tu vivienda en ese momento. Compra tu propiedad en una buena ubicación. Espera el momento adecuado: cuando hayas ahorrado el suficiente dinero en tu cuenta personal. Empieza despacio y empieza mañana.

Además, si vives fuera de Asia, el mejor momento poder invertir en una propiedad en los Estados Unidos y en Reino Unido es el 2014 y 2015, ya que los precios son realmente bajos. Invierte y observa como los precios vuelven a subir. Un día serás el propietario de una propiedad. Confía en mí, lo serás.

Invertir en una propiedad es una inversión a largo plazo ya que la inflación va en aumento.

Puedes adquirir una propiedad en tu ciudad o en otro país, con un pago inicial de entre un 20 y un 25 por ciento del valor total, coger un préstamo bancario o financiero y devolverlo en 20 o 25 años.

Cada propiedad que compres debe de ser en el momento correcto: cuando el valor del mercado es bajo o mientras el país está en recesión económica. Puedes mantenerla durante entre tres y cinco años y luego venderla con beneficios. Cuanto más tiempo puedas tenerla, más beneficios obtendrás. Puedes comprar y vender en un mes, pero nunca vendas la casa en la que resides. Este es el lugar donde viven los miembros de tu familia. Puedes hacerlo únicamente cuando cambies de una casa pequeña a una mayor. Puedes esperar el momento adecuado para poder adquirir una nueva casa, cuando el tipo de interés sea bajo. Únicamente compra en una ubicación excelente. Y si tiene la posibilidad de comprar y vender propiedades, hazlo.

Busca la casa que desees y crea tu propia historia, poderosa e inspiradora.

Además, enséñales a tus hijos a invertir. Como padre, necesitas enseñarles sobre el dinero, los ahorros, la vida y como poder llegar a ser buenos inversores. Empieza hoy y aprenderán desde la más temprana edad. Les resultará beneficioso y útil en el futuro.

Pero, en primer lugar, tú tienes que llegar a ser un buen inversor,

Veinticuatro

Sueña lo que desees

Hoy en día, la gente suele tener una o dos casas. Si no tienes una propiedad, no te preocupes. No desesperes, ya que los precios de las casas en Asia en el 2014 y 2015, han sido lo más altos nunca vistos. Suele ocurrir una recesión cada seis años y quizás en el continente asiático sea el año 2020, aunque muchos inversores inmobiliarios predicen que será entre el 2016 y 2017. Compra tu vivienda en ese momento. Compra tu propiedad en una buena ubicación. Espera el momento adecuado: cuando hayas ahorrado el suficiente dinero en tu cuenta personal. Empieza despacio y empieza mañana.

Además, si vives fuera de Asia, el mejor momento poder invertir en una propiedad en los Estados Unidos y en Reino Unido es el 2014 y 2015, ya que los precios son realmente bajos. Invierte y observa como los precios vuelven a subir. Un día serás el propietario de una propiedad. Confía en mí, lo serás.

Invertir en una propiedad es una inversión a largo plazo ya que la inflación va en aumento.

Puedes adquirir una propiedad en tu ciudad o en otro país, con un pago inicial de entre un 20 y un 25 por ciento del valor total, coger un préstamo bancario o financiero y devolverlo en 20 o 25 años.

Cada propiedad que compres debe de ser en el momento correcto: cuando el valor del mercado es bajo o mientras el país está en recesión económica. Puedes mantenerla durante entre tres y cinco años y luego venderla con beneficios. Cuanto más tiempo puedas tenerla, más beneficios obtendrás. Puedes comprar y vender en un mes, pero nunca vendas la casa en la que resides. Este es el lugar donde viven los miembros de tu familia. Puedes hacerlo únicamente cuando cambies de una casa pequeña a una mayor. Puedes esperar el momento adecuado para poder adquirir una nueva casa, cuando el tipo de interés sea bajo. Únicamente compra en una ubicación excelente. Y si tiene la posibilidad de comprar y vender propiedades, hazlo.

Busca la casa que desees y crea tu propia historia, poderosa e inspiradora.

Además, enséñale a tus hijos a invertir. Como padre, necesitas enseñarles sobre el dinero, los ahorros, la vida y como poder llegar a ser buenos inversores. Empieza hoy y aprenderán desde la más temprana edad. Les resultará beneficioso y útil en el futuro.

Pero, en primer lugar, tú tienes que llegar a ser un buen inversor.

Veinticinco

Inversiones Compuestas

Puedes ser un trabajador, o estar desempleado, o ser un inversor. De cualquier modo, guía a tus hijos en la utilización del dinero, jugando con juegos educativos que ayuden a aprender a ahorrar. Abre una cuenta bancaria para cada uno para que aprendan el valor del ahorro. Ahorrar es beneficioso a cualquier edad.

¿Por qué la gente sale a trabajar todas las mañanas? La razón es sencilla: para hacer dinero. La gente suele ahorrar entre un 10 y un 20 por ciento de su salario mensual y utilizan el resto para sus gastos mensuales.

Hay muchas maneras de crear riqueza. Hay personas que suelen buscar el dinero rápido, y otras, trabajan duro para conseguirlo. Hay personas que ganan dinero a través de acciones o valores de alto rendimiento, y mucha otra gente, guarda su dinero en el banco y ganan por los intereses creados. Personas que viven en un tren de lujos, gastando libremente en todos los deseos y necesidades, y otros, agentes inmobiliarios, ganan dinero aguantando sus propiedades por muchos años.

Guía a tus hijos en el camino correcto, enseñándoles la manera adecuada de ganar y ahorrar y los beneficios que pueden obtener.

Para más ayuda lean el capítulo "¿Qué es un proyecto?" (Primera, segunda, tercera parte) para aprender más acerca de los inversores compuestos.

Veintiséis

Crea Tu Propia Vida

Necesitas crear una historia real, poderosa e inspiradora, basada en tus experiencias. Nunca te rindas ante la vida. Mientras tu corazón siga latiendo, serás joven de espíritu. Cuando tengas cuarenta y seis o cuarenta y siete años, seguirás siendo joven. Piensa positivamente y escribe en tu diario. Crea tu propia lista de afirmaciones y revísala diariamente. Sal y cómprate algo nuevo.

¿Cuándo fue la última vez que cogiste unas largas vacaciones?

No esperes más. Usa un marca libros y cierra este libro. Coge un periódico y ojea la sección de viajes. Elige el lugar que te apetezca visitar, llama a una agencia de viajes, pregunta por el mejor precio y haz una pre-reserva. Esta misma noche comparte la idea de tu viaje y tus vacaciones con tus amigos y familiares.

Luego continúa leyendo este libro.

Mi cita preferida es: "No preguntes lo que el mundo necesita. Pregunta que es lo que te hace vibrar y hazlo. Es posible porque lo que el mundo necesita son personas que vivan y vibren".

La diferencia entre la escuela y la vida real es que en la escuela aprendemos lecciones de nuestros profesores y luego nos examinamos. En la vida real, nos examinamos y aprendemos lecciones de cómo sobrevivir por nuestra propia cuenta y lograr tener éxito. Podemos buscar a alguien a quien admiremos por su forma de ser, observar su comportamiento y copiarlo. Pero nunca conseguiremos nada haciéndolo de esta manera. Me gustaría que creen algo propio: una signatura y un estilo de vida de la que se sientan orgullosos.

Hemos sido entrenados para sobrevivir y ser creativos para poder cuidar de nuestros seres amados: debemos de ganarnos un sueldo para poder mantenernos y también mantener a las personas de nuestro alrededor. Miren hacia adelante. Necesitamos soñar con una vida positiva. Debemos de pensar que es lo que queremos en esta vida, en este lugar mágico. Si queremos que nuestros sueños se tornen realidad, ¿qué es lo que debemos de hacer en primer lugar y cómo podemos llevarlo a la práctica?

Si vives una vida de lujos, me alegro por ti. Pero si vives una vida moderada, ¿Qué podemos hacer para que tus sueños se cumplan? Necesitamos ver los resultados en nuestra mente para soñar en cómo lograrlos. Nuestra mente es una herramienta muy poderosa que trabaja a nuestro favor. Somos los que producimos nuestros pensamientos. Los pensamientos se convierten en palabras. Las palabras se convierten en éxito.

Por ejemplo, tenemos una visión del último modelo de teléfono inteligente, la última tableta electrónica y todos los demás dispositivos digitales. Estamos rodeados de abundancia en este precioso mundo. Vivimos en el Universo. No sabemos cómo o donde vamos pero siempre esperamos resultados positivos. Es hora de empezar a coger los primeros pequeños pasos para hacer realidad nuestros sueños.

Conviértete en una persona inspiradora, tomando acción en este instante.

Al final te sentirás satisfecho. Deja todas las posibilidades abiertas, expande tu mente, respeta a tus mayores y a tus antepasados y conviértete en una persona espiritual.

Necesitas saber quién eres realmente.

Veintisiete

Recuerda Que Tu Vida Comienza Ahora

Les voy a contar el relato de mi vida. Abandoné los estudios a los diecisiete años por la enfermedad de mi padre. Era el hijo mayor y mis padres me aconsejaron que empezara a trabajar en la tienda de un familiar. Fue comencé a ahorrar para mi futuro. Dejé la casa donde vivía con mi familia y comencé a trabajar en una nueva ciudad; empecé una nueva vida. Trabajé como dependiente en una tienda durante los siguientes trece años.

Los primeros tres años, sólo libré un día para ir a visitar a mis padres. A partir de entonces, la compañía empezó a expandirse, abriendo nuevos puntos de venta. Los siguientes diez años, los únicos días libres que tuve fueron los cuatro festivos, en los que el centro comercial cerraba.

Después de estar trabajando de 10 de la mañana hasta las 11 de la noche, 361 días al año durante trece largos años, decidí frenar y volver de nuevo a mi ciudad natal.

Cuatro años después, empecé a mejorar, haciendo un proyecto común con mi familia. En ese momento, mi hermano pequeño, que estaba disfrutando de un trabajo inmejorable, decidió que profesionalmente seríamos agentes inmobiliarios. En esos años se nos llamaba empresarios. Ahora, por casualidades de la vida, me he convertido en un escritor.

Soñé con convertirme en escritor unos años atrás, pero nunca pensé que mi sueño pudiera cumplirse. Empecé a escribir este libro, comenzando con una página a la semana. Si me hubiera planteado que necesitaba hacerlo, o que quería convertirme en un escritor, quizás no hubiera tenido éxito y no hubiera llegado a lo que he logrado, cogiendo pequeños pasos en cada momento. Del año 2008 al 2014 solo fui capaz de escribir una página en días alternos. ¿Se lo pueden creer?

Cuando tenía éste finalizado al 99 por ciento, tuve que pedir solicitar permiso para utilizar dos frases cogidas de otros escritores. Sabía que tendría éxito el día que este libro fuera publicado; tengo una sensación mágica en mi interior.

¿Será este libro un éxito? No estoy seguro pero me siento enormemente positivo de que así será. Estoy seguro que el haber tomado pequeños pasos en momentos adecuados fue muy positivo para mí y espero que lo sea también para todos ustedes.

Si has nacido pobre, no es tu culpa.

Pero si mueres pobre, definitivamente es tu culpa.

¿Qué es lo siguiente?

Necesitas transformarte y empezar a practicar lo que has aprendido hasta ahora.

Disfruta este momento de grandeza:

"Un día, tendré éxito"

Necesitas tener hambre de prosperidad y éxito.

Solamente entonces, funcionará.

Veintiocho

Cómo Cambié Mi Vida

Unos de mis amigos me preguntaron una vez que diferencia habría si no hacia la Práctica de los Ocho Minutos.

Tengo que decirles que la Práctica de los Ocho Minutos tuvo un tremendo impacto en mí. Mi vida ha cambiado y les explicaré como. Hubo un tiempo en que era sólo un 10 por ciento positivo y sin ningún tipo de expectativas. Todo era sencillo ya que mi familia apoyaba mi estilo de vida. Mi vida fluía libremente. Era una persona feliz, respetada, simpática, leal y humilde. A veces sentía gran dicha, aunque algunos días me sentía triste por los obstáculos que tenía en mi vida. Culpaba a mi mala suerte y me quejaba muchísimo, sintiéndome una víctima y culpando a otros de mis miserias, especialmente de mis infelices matrimonios. Siempre estaba pensando negativamente. Además, mi pierna derecha fue amputada en el año 2008. Estaba rodeado de médicos, diciéndome continuamente lo enfermo que estaba. Me sentía deprimido.

No disfrutaba leyendo libros. Ahora bien, después de ver películas positivas y empezar a practicar el Método de Un Día, noté un treinta por ciento de mejoría instantáneamente. Ahora me encanta visitar librerías y ojear durante varias horas los libros motivacionales. Compro varios y los voy leyendo poco a poco. Esperando el éxito y sintiéndome afortunado, realmente creí que podía suceder, pero no. Volví a fallar.

Lo intenté una y otra vez. Me repetía continuamente que los seguiría intentando, que no tiraría la toalla. Creé una energía positiva en mi interior que me apoyaba. Tardé más tiempo de lo esperado, pero nunca desistí. En un principio, fue muy difícil ser completamente positivo pero no me di por vencido. Quería cambiarme creando un carácter positivo en mi interior.

Un día, no lo pude creer. Había alcanzado el 90 por ciento de lo que deseaba cambiarme. Pero no sabía el camino por el que debía de continuar, siempre me habían dado las cosas hechas, y me sentía confuso. Tenía todo lo que deseaba, pero aun así, algo faltaba.

Me llené de miedos, preguntándome si conseguiría el éxito. Un gran amigo me aconsejo leer el libro y me dijo que contenía un secreto. Tardé años en entender el secreto y como podía utilizarlo para poder mejor y transformarme.

Me analizaba continuamente y empecé a entender cómo funciona la mente. Me pregunté, ¿qué es lo que realmente deseo?

Veintinueve

¿Qué Necesitas Hacer Durante Ocho Minutos?

Continúa atrayendo abundancia y prosperidad en tu vida. ¿Cómo? Necesitar practicar todos los días durante ocho minutos. Necesitas cambiar tu percepción. Cambia tus pensamientos y enfócate en lo que realmente quieres en la vida.

La abundancia y la prosperidad están íntimamente unidas. Creyendo en ti mismo y cambiando tus pensamientos, puedes cambiar tu vida. Puedo predecir tu futuro y afirmar que vas a tener una vida mejor y disfrutarás de las grandes cosas que nos ofrece la vida. Pero para llegar a ese punto, necesitas hacer esta Práctica de los Ocho Minutos.

- Haz un calentamiento todas las mañanas durante ocho minutos.
- Haz ejercicios tres veces por semana durante ocho minutos.
- Lee tu lista de afirmaciones todos los días durante ocho minutos.

Guarda tu lista en el bolsillo. Cada vez que sientas la necesidad de leerla, hazlo durante ocho minutos. Hazlo todos los días. Poco a poco, al cabo de los meses, notarás los cambios en tu interior. Tu vida, el trabajo, la vida matrimonial y tus sueños se manifestaran, ya que has enviado la señal al Universo.

Lee tus lista detenidamente cada día. Esto creará energías positivas que te apoyarán cada vez que te sientas mal o deprimido. Cambia tus pensamientos de negativos a positivos cada vez que leas la lista. Debes de recordar una cosa:

PENSAMIENTOS CONVIRTIÉNDOSE EN AFIRMACIONES = ÉXITO

Cuando sientas el éxito, vete de compras y adquiere algo nuevo; ropa y zapatos. No necesitas comprar cosas de marca. Compra algo que te puedas permitir, y nota la diferencia que te pueden crear, ya eres una nueva persona.

Habrás cambiado tu vida y te sentirás diferente. Para ser una persona de éxito, necesitas crear un proyecto para las siguientes semanas.

Treinta

¿Qué Es Un Proyecto? (Primera Parte)

Es difícil mantenerse en el mismo puesto de trabajo durante veinte años, ¿crees que lo puedes hacer? Yo trabajé durante trece años con el salario mínimo. Puedes estar ganando un pequeño salario, pero no puedes hacerlo. No, no puedes.

Cada dos o tres años intenta pensar en algo nuevo, como poder mejorar y crear un nuevo proyecto. Hoy en día, estamos saturados del mundo digital, y todos estamos ocupados comunicándonos a través del teléfono móvil e internet. Busca algo que pueda superarte en eso, con tu proyecto, puedes conseguir un nuevo nivel de riqueza o inversiones. Busca la manera de crear un gran proyecto. Piensa en lo que acabo de decirte. Date un respiro de cinco minutos, coge aire, toma una taza de té o un refresco, y vuelve a comenzar a leer. Te voy a guiar.

Basada en mis experiencias y en mis expectativas de futuro, te puedo decir que hay mucho potencial escondido en tu interior, algo novedoso que quiere salir a la luz. No es fácil fijarse metas pero, si tu mente y tu corazón están alineados, podrás encontrar lo que buscabas.

En el pasado, nuestros padres nos decían que teníamos que estudiar duro y luego ponernos a trabajar para poder cumplir nuestros sueños, intentando no hacer nada malo en el camino. Desanimaban a sus propios hijos, les impedían pensar creativamente, soñar, ya que creían que los sueños no se hacían realidad. Algunos padres dominaban los deseos de sus hijos adolescentes, impidiéndoles tocar o ver u oler determinadas cosas. Estos niños crecieron sin aprender a ser creativos. Si sus padres no les apoyaban, no podrían hacerlo. Estos jóvenes bloquearon sus mentes y siguieron los consejos dictados por sus padres.

Sin embargo, vivimos en una era digital y en un mundo completamente diferente. Hoy en día usamos nuestra mente más que nuestras manos. Para poder crear una oportunidad de futuro, necesitamos usar la mente. Las personas nacidas en esta nueva era están continuamente usando la cabeza y son más creativas que nunca. También tienen mucha más libertad que en el pasado. Usan la imaginación, la visualización y la creatividad. Mucha gente me preguntan por la creatividad y mi respuesta siempre es la misma: se un soñador, y podrás transformar tus sueños en realidad. Los pensamientos se convierten en palabras, y las palabras en afirmaciones que te conducen al éxito. Sigue tus sueños.

La maravillosa cualidad de la creatividad es que todo el mundo la tiene. Cada uno de nosotros puede tocar la mente, el subconsciente, rápidamente. Podemos mejorar la calidad de nuestra mente, de nuestros pensamientos, y movernos ágilmente por todo este grandioso universo.

Treinta Y Uno

¿Qué Es Un Proyecto? (Segunda Parte)

Los seres humanos somos como los ordenadores. Podemos subir la información más importante en nuestras mentes y crear oportunidades nuevas al instante. El universo nos apoya en todo lo que decidamos hacer. Cuando usamos las nuevas tecnologías, teléfonos móviles y ordenadores, estamos mejorando nuestra calidad de vida. Hubiera deseado tener todos estos recursos mucho tiempo atrás. Pero nunca es tarde.

Todos tenemos nuevas ideas rondando nuestra mente continuamente. Prueba tu idea, ya que no hay nada que perder. La creatividad es una manera de mejorar nuestra vida ya que somos seres creativos por naturaleza. Podemos guardar todas las cosas buenas en nuestra mente, lo que leemos o vemos y, al mismo tiempo, tenemos la habilidad de solucionar los problemas que nos vengan.

Empieza a trabajar en todos tus retos y piensa en las posibilidades que tienes. Puedes crear un nuevo proyecto solo para ti.

Practica el Método de Un Día. Lee la lista de afirmaciones diariamente, únicamente durante ocho minutos, y encontraras el secreto para retirarte con riqueza.

Voy a compartir otro consejo sobre un proyecto, como llegar desde donde están ahora hasta el lugar donde tendréis todo lo que desean. Algunos de mis amigos piensan que para poder tener dinero ahorrado en el momento de retirarse necesitan ganar un gran sueldo y separar miles de dólares cada mes para poder conseguirlo. Piénsenlo bien, ¿creen que esto es lo correcto?

Les enseñare como ahorre hasta el último céntimo que tenía y también muchos dólares en mi cuenta bancaria al mismo tiempo. Además, saqué la mitad de mis ahorros y los invertí en mi primera inversión junto a mi familia.

Pueden seguir el mismo consejo y ver con sus propios ojos como enriquecen.

Sólo tenía diecisiete años en ese momento cuando dejé los estudios, ya que mi padre enfermó. Mientras otros chicos de mi edad sacaban buenas notas en el colegio, yo me dediqué a trabajar y ganaba diez dólares al día. Cada día, ahorraba cinco dólares y gasta los otros cinco. Cuando mis amigos y familiares se enteraron de mi manera de ahorrar, empezaron a burlarse. Pensaban que con 150 dólares al mes que ahorrara no iba a conseguir nada. Me dijeron que sería mejor que gastara ese dinero en algo provechoso, como salir a comer y disfrutar.

En ese momento de mi vida, mi ídolo era Donald Trump, quería llegar a ser como él. Ahora me doy cuenta que ese sueño era irreal pero siempre imagine que podía conseguirlo. Soñaba con lograrlo. Mi manera de ahorrar estaba enfocada a lograr mi sueño.

Si aún no han empezado a ahorrar o planear un plan de pensiones, les enseñaré como hacerlo.

Treinta Y Dos

¿Qué Es Un Proyecto? (Tercera Parte)

En los próximos ocho minutos aprenderán cómo tener más dinero ahorrado en vuestra cuenta bancaria. Descubrirán una sencilla técnica para ayudarles a planear un plan de pensiones y mucho más. Aunque tengan ya cincuenta años, pueden hacerlo.

Por ejemplo, si ganan mil dólares al mes, y ahorran un diez por ciento de esa cantidad, cien dólares. Con un interés anual aproximado de 1.5 por ciento, en veinte años habrán ahorrado 24.360 dólares. Tienen que tener en cuenta también la inflación en cada época.

Otro ejemplo: cada vez que los ahorros superen los cinco mil dólares, transfieran ese dinero a una cuenta de interés fijo para poder ganar más dinero. Obtendrán beneficios dependientes del tiempo que mantengan ese dinero. Podrán ver como multiplican su dinero tranquilamente, incluso cuando estén durmiendo.

Estarán pensando que podrían hacer con todo ese dinero ahorrado. Conviértanse en firmes inversionistas y vean la magia que puede ocurrir. Digamos que tienen veinte años y son incapaces de ahorrar. Empiezan a fijarse un importe para ahorrar cada mes. Pasados unos treinta años, cuando cumplan cincuenta, habrán ahorrado unos 416.171 dólares, que estarán en una cuenta fija de ahorros. Si hubieran ahorrado de la manera normal, solo tendrían en ese momento, 139.929 dólares, con un tipo de interés intermedio.

¿De dónde vino todo ese dinero?

Apareció de un pequeño ahorro de 200 dólares mensuales, más algún que otro ingreso extra que pusieron en el banco. Sin tocar ese dinero, durante tantos años, han obtenido una gran suma para vuestra jubilación.

Se habrán convertido en inversores.

Aún sin tener un trabajo fijo, pueden intentar ahorrar esos 200 dólares, quizás de algún trabajo temporal. Esos ahorros durante un largo periodo de tiempo se convierten en una inversión de futuro.

Ya saben cómo empezar a invertir de una pequeña manera, desde cinco dólares a 200, en alguna entidad bancaria que les proporcione un tipo de interés anual. Es una sensación mágica el descubrir ese dinero, un gran logro.

Otra solución es poner los ahorros en acciones o valores bursátiles de alto rendimiento, que nos proporcionen entre un 4 y un 7 por ciento de dividendos. Pueden lograr llenar sus bolsillos con más dinero que vuestro sueldo anual.

Es increíble.

Treinta Y Tres

Recuerda Las Seis Leyes De Oro

La llave para conseguir multiplicar la prosperidad, la armonía y la felicidad se encuentra en nuestras manos, en estas seis leyes:

1. Crea tu propio destino. Ama tu trabajo y permite que fluya.

2. Cuando amas lo que haces, la felicidad del Universo entra en tu vida.

3. No vas a trabajar por dinero, si lo haces así, significa que no eres feliz.

4. Si amas lo que haces, tu trabajo creará tu propia energía. Esa energía te ayudará a ahorrar el 10 por ciento de tu salario mensual y gastar el otro 90 por ciento.

5. Tus ahorros continuarán, independientemente de lo que ocurra. Tienes dos opciones. Toma la decisión correcta y sabrás lo beneficioso que puede llegar a ser. Es el único camino.

6. Tu intuición te indicará en los próximos treinta días que tu decisión fue la acertada.

Se tu propio inversor. Es lo que único que necesitas para que tus sueños se hagan realidad.

SIENTE EL PODER DESCUBRE UN NUEVO SER

Coge pequeños pasos, un pasito al día.

Recuerda, si tienes miedo, conviértelo en tu amigo.

Sí, haz que el miedo sea tu mejor amigo.

Sueña y deja que tus sueños fluyen.

Eres tu propio creador.

Es posible.

* * *

Voy a confiar en el camino en el que voy, no porque es donde veo las puertas abiertas, pero porque Tú estás conmigo.

Edward Seah

Treinta Y Cuatro

Como Ser Valiente Y No Enfadarse

Lo más importante que debemos de aprender es cómo eliminar el miedo y el enfado.

Intenta conocer a tu mejor amigo: Sr o Sra. Miedo. No tengas miedo de invitarle a ser tu más íntimo amigo o amiga. Si puedes conseguirlo, seguro que no tendrás ningún problema en tomar tu próximo paso, en convertirse en una persona de éxito. Ya habrás roto las barreras de tu camino.

Disfruta el éxito en todo lo que hagas. Cree en mí, y cree en ti mismo. "El miedo es tu única sombra". Recuerda estas palabras. Siempre debemos de hacer primero la tarea que más miedo nos da, y el resto, será siempre fácil. Inténtalo y sabrás que es cierto. Si no estás seguro de cómo empezar, déjame explicarte.

Tienes que aprender a controlar el miedo y el enfado por ti mismo, tardarás tiempo en lograrlo. Nadie te puede cambiar excepto tú mismo. Cuando tienes miedo, las personas tienden a aprovecharse. Se aprovechan de tu debilidad e intentan dominarte. Quizás te ofrezcan comida y te insistan para que comas, luego te dirán que no comes lo correcto, y debido a tus inseguridades, cogerás peso. Te animarán a ver películas antiguas que te traerán recuerdos felices, tristes, odiosos, miedos e ilusión. Estas emociones te llevan al pasado y, la historia se volverá a repetir. Mientras duermes, tu mente volverá al pasado y olvidarás los nuevos hábitos aprendidos.

Al despertar a la mañana siguiente, quizás sientas el enfado que sentías en el pasado. Tus sentimientos en ese momento cambiarán. Así es cómo algunas personas entran en depresión. Las películas antiguas traen el pasado al momento presente.

Hay personas de carácter fuerte y son capaces de controlar sus emociones, pero algunas otras son incapaces, no pueden con el peso que llevan. Necesitan eliminar miedos pasados y no permitirles que crezcan. Por eso es importante convertir el miedo en tu mejor amigo. Cuando veas situaciones pasadas, no te pasará nada, podrás reírte de ti mismo.

¿Sabes por qué? Porque el miedo es tu mejor amigo, y has perdonado a la persona que más odias. Haz eliminado el enfado de tu mente y de tu corazón. Te sientes más relajado. Además, con una mente serena puedes controlar mejor el enfado y el miedo.

Sánate a ti mismo haciendo una meditación o unas oraciones durante media hora, dando las gracias a Dios por todo lo que tienes y pidiéndole tres valores fundamentales. Pedir…creer…recibir.

Si crees que puedes conseguir cosas en esta vida, cuidando de tu cuerpo y alma al mismo tiempo, lo podrás lograr. El cuerpo es un templo al que debemos de mimar y dar cariño. Debemos de dar gracias a Dios continuamente; por nuestros éxitos, felicidad, prosperidad, amada familia y debemos de rezar para que nuestros hijos tengan un buen futuro.

Antes de irnos a dormir, debemos de leer nuestra lista de afirmaciones. Veremos cómo nuestra vida mejora en treinta días. Ahora el miedo y el enfado se han convertido en nuestros mejores amigos.

No y sí son dos pequeñas palabras que contienen mucho pensamiento.

Perdimos muchas cosas por decir no demasiado temprano y decir sí demasiado tarde.

Anónimo

Treinta Y Cinco

Los Cinco Secretos De Las Relaciones Perfectas

Creyendo en ti mismo, puedes cambiar tu vida a través de tus pensamientos. Puedes predecir tu futuro y visualizar una vida mejor y, créeme, lo conseguirás. Lee la extraordinaria receta de una relación perfecta. Vas a comenzar a construir los cimientos que podrán aguantar cualquier tormenta, cualquiera.

Primero debes de comprender algo. La mayoría de las relaciones matrimoniales o de pareja se rompen por la falta de comprensión o por problemas económicos. Es donde entran las fisuras en un matrimonio, donde empiezan las discusiones, donde los nervios florecen y multitud de problemas. En cualquier relación, hay dificultades, falta de entendimiento, desafíos y negatividad. Pero en el mundo real, rara vez aprendemos que la cosa más importante en una relación es la confianza.

Construir una relación y poner los cimientos sacarán lo mejor de la pareja. Les daré algunos consejos que podrán seguir.

- **Primer secreto**: para que cualquier relación funcione, debes de saber quién eres y que es lo que quieres en la vida. Hay personas que quieren que sus parejas les cuiden, otras buscan un alma gemela; algunos quieren un amigo con quien hablar, Pero lo más importante es saber cómo nuestra futura pareja se comporta con nuestros padres y el respeto que les muestra, además de los principios y valores que posee. Las personas que saben respetar a sus suegros, sabrán respetar a sus parejas.

- **Segundo secreto**: no continúes eligiendo a la persona equivocada como compañero de vida. Busca en diferentes lugares y sitios y nunca muestres un lado ficticio. Aprecia cada momento de la vida, cada segundo es significativo.

- **Tercer secreto:** no intentes cambiar a tu pareja. Deja que sea tal cual es. Muchas personas quieren que sus parejas cambien. Esto no es una relación; es una manipulación. Yo creo que si la persona te quiere y le importas, te querrá de la manera en que seas. Si alguien se siente aceptado, cambiará si lo desea.

- **Cuarto secreto**. Debemos de aprender la diferencia entre un amor verdadero y un amor falso. En un amor verdadero no sentimos ilusionados. Sentimos una gran energía interna y un apego emocional a la persona amada. Un amor falso nos da felicidad unos meses hasta que nos damos cuenta de que no nos llena por completo. Sentimos que algo no va bien. Quizás nuestra pareja empieza a pedirnos dinero o regalos y gastamos más de lo que nos podemos permitir. Recibimos menos amor y nuestros padres no son tratados con el respeto que se merecen. Es hora de buscar una nueva pareja.

- **Quinto secreto:** busca lo bueno en ti mismo y en los demás. Cuando nos centramos en las cosas buenas, nuestra relación mejorara considerablemente. Lo bueno que ves en los demás, lo empezarás a ver en tu pareja. La negatividad se eliminara y aumentarán todas las cosas positivas. Tú y tu pareja se unirán y aprenderán el significado verdadero de tener una relación, disfrutar creciendo juntos. Nunca pienses en el pasado y en tus fracasos. Céntrate en el presente. No intentes controlar a nadie. Si una persona se siente a gusto contigo, se quedara a tu lado y tendrás una relación inmejorable.

Finalmente, analicen la situación económica conjunta antes de casarse. Allí se darán cuenta de la verdadera intención de vuestra futura pareja. Lo más que profundicen en este tema, más clara quedarán las intenciones.

Una vez que hayan seguido estos sencillos secretos, comiencen a construir una vida juntos. Estos secretos harán que la fundación no tambalee y les ayudará a mantenerse felices durante un largo tiempo.

Las relaciones de pareja son fáciles de conseguir pero es importante elegir a la persona adecuada. Sabes cómo eres y el tipo de persona con la que te gustaría pasar el resto de tu vida.

Disfruten de la honestidad, la comunicación, la lealtad y la compañía. Disfruten eligiendo sabiamente a la persona perfecta.

La vida no tiene que ser perfecta para que podamos disfrutar de un maravilloso día.

Treinta Y Seis

¿Es La Vida Importante Para Nosotros?

Sí, la vida es importante para nosotros. ¿Por qué es así? Porque únicamente tenemos una oportunidad de hacer cualquier cosa; tenemos un cuerpo que nos permite visitar sitios maravillosos y disfrutar de comida deliciosa.

Solo vivimos una vez, todo lo que podemos hacer, todo lo que bueno que podamos dar, debemos de hacerlo. Cualquier consejo o ayuda que podamos brindar a otras personas, serán bienvenidas. ¿Saben por qué?La vida es un experimento, solo pasa "una vez en la vida". Si tú y tu familia no saben cómo apreciar la vida, perderán muchas experiencias. Crea tu lista de afirmaciones, comienza un viaje inolvidable y saborearás la vida en todo su esplendor.

Dios nos creó para que pudiéramos apreciar la vida con amor y armonía. Crea una vida significativa. Crea felicidad para tu familia y en tu trabajo. Intenta trabajar duro. Sirve a Dios con tu mente y tu cuerpo, ayudando en algún trabajo como voluntario, algo que disfrutes al mismo tiempo que ayudas.

No des la vida por hecho ni vivas una vida rutinaria. Más bien, crea tu propia huella y vive una vida digna, una vida que mereces. Vive la vida de tal manera que todo el mundo se acuerde de ti durante largo tiempo. No hagas daño a nadie y respeta a todo el mundo, incluso a tus oponentes.

Haz algo bueno y comparte tu prestigio y buenas vibraciones con tus amigos y vecinos. Elimina todo el odio y la negatividad de tu mente y transfórmalo en pensamiento positivo, sin arrepentirte de tu pasado. En la vida se aprende de los errores cometidos, sin errores, no aprendemos a vivir.

Adora tu vida, ya que solo tienes una. Entiende el significado de la vida y comprende lo que te favorece.

Descubre un nuevo significado a tu vida, muchas personas piensan que su vida solo tiene significado sirviendo a Dios.

Vive la vida al máximo. Camina por diferentes senderos, tomando decisiones acertadas. Tú y yo cometeremos errores, pero aprenderemos de ellos y nos haremos más fuertes.

Entiende el Universo y el mundo en el que vives.

Que Dios te bendiga.

La lógica te llevará del punto A al B.

La imaginación te llevara a todos los sitios.

Albert Einstein

Treinta Y Siete

Un Día

Mientras me encontraba hospitalizado, escribí en un papel todo lo que haría "un día". Recé a Dios y me mantuve paciente y tranquilo. No permití que el dolor, la angustia, el miedo y el enfado, se apoderaran de mi mente. Escribí mi lista de afirmaciones y fui añadiendo puntos:

1. Un día, seré delgado.

2. Un día, caminaré.

3. Un día, caminaré rápido.

4. Un día, correré.

5. Un día, escalaré paredes.

6. Un día, aprenderé a conducir de nuevo.

7. Un día, iré en el teleférico de Singapur.

8. Un día, iré por las escaleras mecánicas.

9. Un día, conduciré un Cabriolet rojo.

10. Un día, iré en bicicleta por la playa.

11. Un día, escribiré mi primer libro.

12. Un día, conseguiré mis metas financieras.

13. Un día, tendré novia.

14. Un día, haré una media maratón.

15. Un día….

¿Cuáles son tus afirmaciones? Escríbelas.

Treinta Y Ocho

Tu Lista De Afirmaciones

Esto te servirá de ayuda si todavía no has creado tu lista de afirmaciones.

Esta hoja te facilitará la labor. Siéntate y relájate, imagina todo lo que realmente deseas y en que te quieres convertir. Escribe diez deseos.

1. _____

2. _____

3. _____

4. _____

5. _____

6. _____

7. _____

8. _____

9. _____

10. _____

Te alegrarás de haberlo hecho. Y verás tus progresos un cercano día.

Treinta Y Nueve

¡Elige Una Idea Y Vete Por Ella!

En este punto del libro, mira la lista de afirmaciones cada noche antes de dormir. Elige una idea de esa lista, algo que puedas conseguir fácilmente y reza para que tu sueño se convierta en realidad. Mi consejo es que confíes en tu intuición a la hora de elegir tu idea.

Piensa en los resultados y visualiza tu sueño; también puedes sacar una foto y mirarla todos los días. Imagínate que ya tienes el éxito. ¿Cuál sería tu siguiente paso?

Puede que tengas alguna ligera idea, pero tu corazón te indica otro camino. Duerme pensando en ello, y cuando despiertes, sigue el primer pensamiento que te venga a la cabeza. Imagínate cuatro esquinas: primero las posibilidades, segundo las debilidades, tercero el éxito que obtendrás al alcanzar tu sueño y cuarto, vete a por ello. Vas a hacer algo mágico, algo que te llevará a otras esferas.

Si todavía no has escrito tus afirmaciones, si todavía tienes miedos, decide entre vivir con ello o superarlo. La elección es tuya.

En la vida, todo el mundo vive sus propias experiencias que ayudan a crecer, a veces son dolorosas y horribles. Sea lo que sea, necesitas superarlo o vivir con el miedo. No te puedo ayudar con tus experiencias pasadas. Lo que puedo hacer es el día que vengas a verme, en la publicación de este libro, bendecirte con un gran apretón de manos y abrazo y guiarte para que puedas superar y avanzar.

No te preocupes por tu lista de afirmaciones.

Tómate tu tiempo y hazlo cuando te sientas preparado. Ten en cuenta que puedes leer este libro las veces que quieras hasta lograr comprenderlo por completo. Luego empieza a caminar, lentamente, con pequeños pasos.

LA VIDA ES CORTA.

Empieza a moverte y conviértete en una persona de éxito.

Cuarenta

¿Te Conoces Lo Suficiente?

Cuando encuentras el "propósito del alma" en la vida, ¿es el destino o coincidencia?

Conocer tu propósito y perseguirlo es la llave del éxito y la satisfacción. Pero no es tan sencillo como parece. Te llevará 120 días crear un ejercicio mental que busque en tu subconsciente, desenterrando verdades escondidas e identificando tu propósito del alma.

Una vez que encuentras el propósito de tu vida, veremos el siguiente paso a seguir.

- Usa tu lista de afirmaciones como ayudar para tomar decisiones.

- Practica un ejercicio creativo para la mente que te ayude a identificar los valores que te guiarán en el camino de la vida. Serás capaz de tomar decisiones importantes que te facilitarán el camino.

- Piensa en la casa en la que te gustaría vivir, los países que te gustaría visitar, todo lo que deseas. ¿Cómo es tu nueva casa? ¿A quién visitarás? Conviértete en líder y apoya a tu mente, mientras visualizas tu vida perfecta.

Tienes la magia en tus manos para poder cumplir todos tus propósitos ¡pero no te olvides de soñar a lo grande!

Vuelve a tus raíces, a tus principios y examina tu progreso. Coge papel y lápiz y escribe tus pensamientos. Picnsa. Analiza tu pasado, buscando todos los inconvenientes. Recuerda que el pasado de cada individuo es único, personal. Piensa en todos los grandes logros que has conseguido y anótalos.

Los próximos meses, estarás analizando diferentes factores psicológicos. Pero primero y lo más importante, necesitas empezar velozmente. Por lo tanto, reactiva tu mente y mira como los milagros aparecen en tu vida.

Estar pendientes de todo es bueno. Escribe todos los experimentos de éxito que has tenido. No te demores; crea tu destino empezando por una nueva vida. Empieza a innovar y progresar.

Te sientes miserable porque olvidas las cosas que deberías de recordar y recuerdas las cosas que deberías de olvidar.

Sally Mok

Cuarenta Y Uno

¿Qué Es La Ansiedad?

Para muchas personas es difícil reconocer la ansiedad que padecen. Piensan que tienen algo malo y no aprenden a asumirlo.

La ansiedad es una experiencia normal y corriente que se puede controlar. El primer paso es entenderla y reconocerla. Y el segundo paso para poder mejorar es tomar conciencia del problema en sí.

Muchas personas padecen de ansiedad. Es normal sentirla cuando empezamos algo nuevo, como una entrevista de trabajo o una gran inversión. La ansiedad nos motiva para poder enfrentarnos a una nueva aventura.

Cuando nuestro cuerpo está tenso; cuando sudamos o estamos mareados, tenemos malestar de estómago, o un dolor en el pecho, puede que sea debido a una enfermedad pero raramente lo es. A menudo son síntomas de ansiedad. Cuando nos entrevistan para un trabajo, cuando planeamos una gran inversión, cuando nos adentramos en un sueño creativo, seguramente nos sentiremos incómodos.

Nos sentiremos enojados frecuentemente, tendremos discusiones sin sentido y algunos días, no podemos pensar con claridad. Esta situación se puede convertir tan abrumadora que evitaremos hacer cualquier cosa. A causa de este malestar mucha gente no logra alcanzar sus metas.

¿Qué es lo que realmente te está pasando a ti y a tu cuerpo cuando tienes ansiedad? Básicamente, los músculos se tensan para poder enfrentarnos al peligro; baja las defensas del sistema interno paralizando la ayuda para sobrevivir.

Por ejemplo, en situaciones de peligro no necesitamos la digestión. Por eso, la ansiedad causa malestar de estómago, mareos y sudores. También sentiremos como la respiración se acelera. Cuando el cuerpo se prepara para la acción, se asegura que hay suficiente sangre y oxigeno circulando por todos los órganos y músculos, permitiéndonos luchar contra el peligro.

Recuerden que la ansiedad no es peligrosa o perjudicial. Todas las sensaciones que tenemos en ese momento son para protegernos del peligro. La ansiedad desencadena reacciones en el cuerpo que nos favorece para combatir la inseguridad.

En vez de intentar eliminar la ansiedad, necesitamos saber manejarla para poder enfocarnos debidamente. Pidan ayuda si piensan que tienen un serio trastorno de ansiedad. También pueden beneficiarse siguiendo estos consejos:

- Practicar relajación muscular. Pueden hacer una sencilla meditación durante media hora y al mismo tiempo hacer ejercicios de respiración. Intenten descansar durante más tiempo y beber más líquidos para relajar los músculos.

- No respirar rápido cuando nos sintamos ansiosos. Esto nos causar náuseas y mareos. Intenten respirar calmadamente. Inhalar y exhalar a un paso lento. Inhalar a través de la nariz, aguantar la respiración durante un segundo, y exhalar por la boca. Repitan durante diez o quince minutos y se sentirán mejor.

- Mucha gente piensa que el mundo es una amenaza. Ese pensamiento puede ser negativo y muchas veces irreal y es lo que desencadena la ansiedad y nos impide recuperarnos. Estos pensamientos se apoderan de nuestra mente y nuestro corazón. La manera de asimilarlo es pensando en una vida estable que nos ayude a pensar con claridad. Pero se tarda tiempo en poder alinear nuestros pensamientos. Tengan paciencia, practiquen diariamente y piensen de una manera realista.

- Hagan del miedo su mejor amigo. Crean en mí y crean en sí mismos. Recuerden que el miedo es solo una sombra. Hagan que el Sr. o la Sra. miedo se conviertan en su mejor amigo.

Ya saben cómo poder manejar la ansiedad. Quizás tarden un tiempo en lograr sanar pero no tiren la toalla. Necesitan mantener costumbres positivas y descartar las negativas. Siempre piensen de manera positiva. Esta es la esencia del Método de Un Día.

Siempre recuerden que necesitan tener los niveles de ansiedad en un estado manejable para poder enfocarse en una nueva visión de vida. La ansiedad es un estado normal y no es peligrosa. Todo el mundo la lleva consigo. Es capaz de crear una vida novedosa y un sueño que les beneficiará enormemente.

Nunca podrán ser capaces de crear algo si piensan de una manera irreal y se aferran al miedo y a la negatividad. Me gustaría que crearan algo propio, algo único, y poder disfrutar del nuevo estilo de vida que les espera.

Se sentirán orgullosos de los resultados obtenidos.

No te des por vencido demasiado pronto en la vida.

Cuarenta Y Dos

Despierta A Tu Cerebro

Les dejo otra fórmula para preparar la mente a recibir una lección de éxito.

"Un día tendré éxito" es una sencilla idea que despertará a tu cerebro, enseñándoles una visión psíquica. Es soñar despiertos, una manera sencilla de relajarse,

Únicamente usen la imaginación, ya que es el vehículo de vuestros sueños. Vuestra imaginación se volverá progresivamente más visual. Finalmente, será ver un programa de televisión dentro de nuestra cabeza. Yo le he intentado y funciona. Practiquen visualizando escenas, personas, éxitos, relaciones, estrategias de negocios o sitios que les gustaría visitar.

Piensen en algo que realmente deseen, Por ejemplo, imagínense sentados en el coche de vuestros sueños y todo lo que verían al estar sentados en él. Visualicen el camino que están conduciendo; cierren los ojos y recreen esas imágenes en su mente. Háganlo lo más real posible. Profundicen en la imaginación. Si pueden crear una imagen real en sus mentes, podrán lograr hacerlo realidad. Un día tendrán ese coche o alguno muy similar.

Pueden intentar despertar un nuevo negocio en sus mentes. Sean soñadores, relájense, tomen una bebida, y lentamente, conviertan su sueño en realidad. Teniendo el control de la imaginación, visualización y las imágenes mentales, preparan a la mente para una lista de afirmaciones. Cuando la pongan en práctica, será perfecta.

Vuestras mentes y el tercer ojo necesitan de una preparación para ponerse en acción y trabajar consistentemente. Es como un coche que hace tiempo no se pone en marcha; necesita calentarse para que el motor vuelva a arrancar.

Dediquen un poco de tiempo en diseñar una solución y despertar a una nueva evolución.

Recuerden todo por lo que han pasado en sus vidas sin despertarse por completo y sin hacer uso de los poderes psíquicos. Pueden hacerlo usando todos los sentidos de forma regular o practicando la meditación una vez por semana. Es imposible llegar a conseguirlo navegando por la red o leyendo libros interminablemente.

Visualizando con la imaginación y, a la vez, sintiendo los campos energéticos es una cosa sencilla de llevar a cabo. Pero tienen que hacerlo de la forma correcta, de una manera positiva. Nunca funcionará si tenemos sentimientos negativos. ¡Solamente la positividad funciona! Les guio para que tomen su propio camino, de una manera beneficiosa para ustedes, y hacerles saber que hay algo en el exterior que pueden probar. El espíritu Universal les apoyará.

Solamente necesitan ocho minutos al día.

Cuarenta Y Tres

Piensa Fuera De Tu Cabeza

Ahora estarás con los ánimos a tope ya que has dado el pequeño primer paso. Mientras lees este libro, habrás encontrado las debilidades e inseguridades que te han hecho fracasar una y otra vez. Usa mi método de pequeños pasos para borrar por siempre algún episodio pasado de fracaso que te impida avanzar en la vida.

¡No dejes las cosas a medio hacer!

Si todavía no estás seguro de todo lo que he dicho, para un momento y piensa en los contenidos de este libro. Reflexiona unos minutos y empieza a escribir la lista de afirmaciones. Comienza hoy mismo. Si no empiezas hoy quizás nunca lo hagas.

Deja algo de espacio y tiempo. No esperes convertirte en Shakespeare desde la primera frase. (Incluso Shakespeare corregía). Se tú mismo. Escribe varias líneas. Luego algunas más, y más. No pienses que lo que has escrito está mal. No lo es. Es solo la primera etapa. Volverás a reescribirlo, y después de unas cuantas correcciones, seguirás queriendo escribir.

El conocimiento es poder y si lo usas correctamente, tomarás las decisiones correctas. Piensa en lo que acabo de decir. Siempre tomen un paso positivo.

Sean críticos con vuestra manera de pensar. Piensen en lo que es importante para vuestro bienestar. Las tres cosas más importantes en la vida son las relaciones, el éxito y el negocio. Por supuesto, será complicado elegir los pensamientos en un principio pero si no lo intentan, no lo lograrán. ¿Saben que la compañía con la página web más importante del mundo anima a sus empleados a "pensar" durante el treinta por ciento del tiempo de trabajo? Les pagan por ello. Piensen de manera creativa. Quizás algunos necesiten un lugar tranquilo para poder pensar y otros puedan hacerlo durante la hora punta. Solo piensen. Otra manera de conseguirlo es hablando con alguien cercano al que podemos preguntar por nuestros defectos. No sean tímidos. Pregunten todo lo que puedan y presten atención a las respuestas.

El pensamiento creativo hace maravillas para una mente llena de éxitos y para la toma de decisiones, tanto personales como de negocios. Solo piensen, y piensen fuera de su cabeza.

Cuarenta Y Cuatro

Piensa Diferente, Puedes Convertirte En Una Persona Rica Y Exitosa

Una vez leí un libro en la oficina de un amigo (desafortunadamente no recuerdo el nombre) en el que sus dos autores investigaron a sus vecinos para averiguar cómo hacerse ricos. Vigilaron a personas millonarias sencillas, con comportamientos normales. Estas personas que vivían en las puertas vecinas, conducían coches de segunda mano, compraban en tiendas locales y vivían en casas valoradas en menos de un millón de dólares. El libro tuvo mucho éxito porque llamó la atención de muchos lectores, que se sintieron atraídos por saber cómo hacerse millonarios. Simplemente necesitamos trabajar con una estrategia fija.

De hecho, muchas personas piensan que no pueden ser ricas y enfocan su destino hacia esa meta. Siempre están fijos en ese pensamiento. No deben de pensar de esa manera. Piensen diferente y podrán convertirse en personas ricas y exitosas, es así de fácil. Si vuestro amigo es rico, pueden intentar convertirse en ricos. Ahora bien, el éxito llegará "un día".

El fracaso es el peldaño hacia el éxito.

Hagan lo que aman.

Crean en sí mismos.

¡Es posible alcanzar los sueños!

Cuarenta Y Cinco

¿Pueden las personas con enfermedades crónicas convertirse en personas de éxito?

¡Definitivamente sí!

Hay cinco cosas fundamentales que deben saber para convertirse en una persona con éxito:

1. Terminar la lista de afirmaciones.

2. Conocer el propósito de vuestra vida.

3. Conocer lo que realmente desean.

4. Conocer vuestro objetivo.

5. Tener ilusión de lograr nuestras metas.

Primero, necesitan aprender las sencillas cualidades que les encaminarán a una vida feliz y próspera. La honestidad es necesaria para una verdadera felicidad. La falta de honradez no hará a una persona feliz. La disciplina garantiza el progreso, la riqueza, la prosperidad y el éxito. Es la llave de toda la evolución.

Una persona enferma no espera ser feliz, ya que la enfermedad se lo impide. La habilidad de sentirse joven y disfrutar la vida es sustituida por dolores, malestar en la boca y tristeza. Estas personas tienen miedo a la vida. En vez de hacer eso, deben pensar positivamente; eliminar la negatividad de sus cabezas, mentes y vidas. Lean mi libro. Asegúrense de llevar una dieta saludable, llevar un tratamiento médico correcto, beber dos litros de agua al día y hacer ejercicio de forma regular. La meditación y vivir sin tensiones también ayuda en mantenerse sanos y felices.

Por encima de todo, hagan lo posible por conocer a más personas.

Una persona sabia dijo, "Los pensamientos solos no son suficientes para cambiar la realidad de nuestro mundo. La acción crea el camino para el desarrollo de nuestra vida". No duden en aceptar los retos que lleguen en el camino y no se avergüencen de soñar lo imposible. Fueron capaces de construir castillos en el aire y es el momento de crearlos en la realidad. Pueden conseguirlo. ¡Sueñen alto!

Un día tendrán éxito.

Estén sanos o enfermos, lo lograrán. Mientras tengan un médico que les suministre las medicinas para vuestra enfermedad, den gracias a Dios y estén sanos y felices. Nunca digan que están enfermos. Nunca. Siempre repitan, "estoy bien". Para mí, esta es la medicina que me ayuda a mantenerme sano en mente y cuerpo.

Cada paso que den, sean positivos y verán como dejan atrás los miedos, los pensamientos negativos y las malas vibraciones. Llénense de una mente positiva, pensamientos positivos y vibraciones positivas.

Se convertirán en una persona positiva y vivirán la vida alegremente. Un día tendrán éxito en todo lo que hagan.

Cuarenta Y Seis

Me Han Diagnosticado Lupus

¿Qué debo hacer?

Escribí el siguiente artículo en Febrero del 2013 para la publicación de la Asociación de Lupus (Singapur).

En la vida tenemos dos opciones: estar tristes y preguntar, ¿Por qué me tiene que pasar a mí?" o sentirnos positivos y agradecidos por todo lo que todavía tenemos.

Yo hago un esfuerzo por mantenerme optimista y confiar en el equipo de médicos y enfermeras que me cuidan. Les contaré mi experiencia en descubrir y lograr mantenerme con mis enfermedades, lupus eritematoso sintomático (SLE o LUPUS) y el síndrome de Anti fosfolípidos (APS).

Recuerdo claramente los hechos ocurridos años atrás, en junio del 2008. Me dijeron que para poder salvar mi vida, tendrían que amputarme la pierna derecha. En ese momento, me sentía desbordado. No sufría de hipertensión arterial, colesterol elevado, diabetes o problemas de corazón o riñones; condiciones que hacen que las venas de la pierna se bloqueen. Mis piernas se habían inflamado, y en unos tres meses, mi pierna derecha estaba fría y dormida a causa de mala circulación. Me aconsejaron amputarla. Fue una decisión difícil de tomar, y el tiempo era esencial. Cuando fui diagnosticado con Lupus y Aps caí en una depresión y lloré muchísimo.

Lentamente decidí volver a tomar las riendas de mi vida, a través de pequeños pasos. Mientras estuve hospitalizado, hice una lista de todas las cosas positivas de mi vida y me alejé de todos los pensamientos negativos que llegaban a mi mente. Visualicé todo lo que podía lograr y me convencí de lo que lo conseguiría. Me imaginé caminando con la ayuda de mi prótesis de pierna y un bastón negro. Esto me ayudó a levantar mis ánimos y logré volver a caminar, siete meses después de mi operación.

Empecé a escribir este libro, con todas mis experiencias, para ayudar a otras personas. Tardé seis años en terminarlo y estoy a la busca de un editor para publicarlo y poder así ofrecer ayuda, apoyo y ánimo a los pacientes con mi misma enfermedad.

Empecé el Grupo de Marina Bay Walking Meetup el cuatro de enero de 2012. Un grupo formado para hacer caminatas, con más de 2700 miembros de todos los caminos de la vida, en el momento de escribir este libro. Caminamos todos los sábados por la mañana en varios lugares de Singapur. Un mes después de empezarlo, encontré el grupo de Walk for Lupus. Este grupo se reúne una vez al mes al atardecer. Estas caminatas son grandes oportunidad de mantenerse sanos y, al mismo tiempo, hacer nuevos amigos. También soy voluntario de la Asociación de Lupus de Singapur.

El día mundial del Lupus del año 2013, el grupo de Marina Bay caminó 3.5 kilómetros a lo largo del paseo marítimo de Marina Bay. Sentí la necesidad de crear y aumentar la conciencia pública sobre el Lupus, hay muchas personas que desconocen la enfermedad, no como el comúnmente conocido cáncer. Es importante para los pacientes buscar maneras de enfrentarse al stress sufrido por esta enfermedad. Yo creo que el ejercicio regular y la relajación ayudan en combatir la enfermedad. El ejercicio no solo reduce los niveles de stress y aumenta el ánimo pero también mejora el sueño. Manténganse activos y positivos siempre.

¡Sean bendecidos con buena salud!

Conciencia pública*

Cuarenta Y Siete

Gracias Por Comprar Mi Primer Libro

Deseo que un gran día puedan decir, "Un día tendré éxito", que vuestro sueño se haga realidad. Compartan este libro con amigos, familiares e hijos, y hablen sobre como poder conseguir el éxito a corto plazo. Llegarán a entender como poder manejar vuestra vida de una manera exitosa, siendo la persona que siempre habíais deseado.

Espero que hayan disfrutado este libro y hayan aprendido cosas nuevas del Método de Un Día.

Les dejo algunas preguntas:

- ¿Se han parado a pensar que es lo que les impide conseguir vuestro sueño?
- ¿Han pensado porque no tienen una relación o un trabajo fructífero?
- ¿Por qué se sienten a menudo bloqueados?
- Abran la mente y los ojos y vean la realidad: tienen una mente única. ¿lo creen?
- Mucho conocimiento valioso está esperando a salir. ¿Están preparados para recibirlo?

Imaginen como sería su vida o como cambiaría si pudieran crear un nuevo destino.

Nadie nace con éxito. Llegar desde donde están hasta donde desean conlleva mucho sacrificio, mucho esfuerzo, mucha resistencia unido a una gran determinación y organización.

Necesitan tomar ese pequeño primer paso. Nadie lo hará por ustedes, nadie. Depende únicamente de vuestro esfuerzo. Nunca es tarde para crear un sueño u un nuevo destino. Todas las personas necesitan un empujón en la dirección correcta, en el camino positivo. Busquen algún proceso que les ayude usar vuestra mente poderosamente y entender los milagros que pueden llegar a conseguir para ustedes mismos y para otras personas.

Piensen durante unos minutos.

Cuarenta Y Ocho

Elabora Un Plan

Estarán pensando, "¿Cómo puedo crear una obra de arte o inventar algo?

Desde el principio de este libro les he pedido que profundicen en vuestra vida. Simplemente les pido que prueben el Método de Un día. Algunas personas no me creerán, y otras si lo harán. Si no creen, ¿cómo esperan que sus sueños se conviertan realidad? ¿Tienen la solución?

No están leyendo este libro para ser contraproducentes. Están aquí porque quieren convertirse en alguien. El éxito se encentra más cerca de lo que piensan.

- Siéntanse libres de soñar con todos los éxitos que desean en el futuro. Practiquen el liderazgo, ya que estarán por encima de mucha gente.

- Empiecen a escribir su lista de afirmaciones. Anoten todos los pensamientos salvajes que tengan en su mente.

- El secreto que contiene el Método de Un Día es que la visualización les ayudará a conseguirlo.

- Asuman sus cualidades y sus defectos y usen esta sabiduría para conseguir un propósito en la vida.

- Compartan todo lo aprendido con familiares y amigos y obtendrán un mayor conocimiento para convertirse en personas de éxito.

Para un curso típico de herramientas de "éxito" se suele cobrar miles de dólares en matrículas.

Así que pueden aprender el Método de Un día, que transformará su manera de ser y de pensar y les ayudará a desarrollar un futuro con un estilo de vida envidiable. Y todo por el precio de este libro. ¿No es alucinante?

Cuarenta Y Nueve

Pasado, Presente Y Futuro

Si quieren conocer su pasado, ¿qué es lo que hacen? Si me preguntaran a mí, les diría, "Por favor, miren su momento presente. ¿Qué es lo que ven?"

Necesitan desprenderse de viejos hábitos para guardar lugar a los nuevos. Pero necesitan dejar ir. Como dice una sabia frase, "Los antiguos hábitos desaparecen y no volverán jamás". Si pudieran entender esta frase y empezar con un pequeño paso, el Método de un día, para conseguir los propósitos, seguramente estarán encaminados al éxito.

Este mundo no les debe nada. Dejen de soñar despiertos y empiecen la acción. Primero, elaboren su objetivo, escriban su lista de afirmaciones y comiencen a meditar una o dos veces por semana. Creen una vida propia y sean felices siempre. Cojan responsabilidad plena de sus vidas ya que sois la persona más importante y la más necesitada de este mundo. Empiecen a activarse ya mismo. Es demasiado tarde para esperar que alguien haga algo algún día. ¡Algún día es el momento presente!

Despierten de sus sueños. ¡Empiecen a vivir su vida hoy! Alguien de este mundo les necesita. No tengan miedo. Tengan miedo de no vivir una vida deseada por no dar el primer paso.

¡Vivan su vida hoy- no mañana, pero hoy!

No ignoren a la muerte pero tampoco le tengan miedo. La mayor pérdida es la que muere en el interior mientras estamos vivos.

Sean fuertes. Enfréntese al mundo con respeto y dignidad. Sean audaces. Sean valientes. Tengan miedo pero enfréntese a él en el último momento. Vuestra vida es únicamente vuestra, pero tengan respeto por sus familiares. Otras personas podrán aconsejarles pero no decidir por ustedes. El pensamiento que tienen es suyo, no de otros. Pueden caminar a vuestro lado pero no en sus zapatos. Estén seguros de que el camino escogido esté alineado con su corazón y con su mente y no tengan miedo de cambiar el sendero si no se sienten cómodos.

Recuerden, sean humildes y estén relajados. Cuando se es humilde, hay más facilidad de enfoque.

La vida es vuestra. Si la vida les enseñara una única cosa que sea "siempre vale la pena dar un salto apasionado y arriesgado". Aunque no tengan idea donde llegarán, sean lo Suficientemente valientes para escuchar al corazón. Motívense e imaginen una vida llena de éxitos. Pueden manifestar algo realmente grandioso con solo visualizarlo sincera y honestamente.

Cincuenta

Una Invitación

Si alguna vez vienen de vacaciones a Singapur, les invito a unirse al grupo de caminata de Marina Bay, bajo el dominio Meetup.com (Necesitarán confirmar asistencia). Todos los sábados por la mañana caminamos por diferentes localizaciones de Singapur. Y nos encantaría conocer a nueva gente.

Recuerden practicar mi Método de Un día y enfocarse en palabras positivas. La ley de la atracción natural entrará en sus vidas, en sus almas y en sus mentes, dirigidas por un ser superior. Siempre pienso que Dios el la luz que nos enseña el camino y Dios les guiará por el camino correcto, ya que no hay nada que Él no pueda hacer.

Las oraciones y los rezos nos dan poder y sabiduría para poder enfrentarnos a los problemas del camino.

Manteniendo la calma en estas situaciones adversas mostramos nuestra fe en Dios.

Los milagros ocurren cada día y a cada hora. Nosotros damos los mejor y Dios hace el resto.

Crean en sí mismos.

Apéndice 1

Un Mensaje Especial

CAMINA POR KILÓMETROS, CAMINA POR SONRISAS

Todos nos unimos a un grupo de caminata por diversas razones. La más obvia es el ejercicio. Para muchos, caminar no es tan ameno como correr pero les ayuda a bombear el corazón, hacer que las glándulas sudoríparas trabajen y poner en uso esos tenis de Adidas que teníamos guardados en el fondo del armario durante largo tiempo.

Durante el camino, sin embargo, seguramente habremos descubierto y ganado mucho más de lo que nunca imaginamos.

Durante el año que pasé con mi grupo, he visto muchas personas ir y venir, algunos de ellos nunca volvieron. Pero también muchos llegaron y se volvieron caminantes incondicionales. Se han hecho amistades muy profundas que van más allá de las caminatas semanales. Hay amigos para siempre que buscan lugares donde comer bien en todo Singapur. Tenemos competidores de torneos de bolos; también varias mujeres que unieron varios grupos para formar una pequeña comunidad de amigos para divertirse juntos. Sin ningún tipo de experiencia previa, en este momento su página de Facebook, muestra un grupo lleno de éxitos.

Durante una reciente conversación con el organizador principal del grupo de Marina Bay Walkers, Haresh, le conté mi experiencia cuando me uní al grupo. Había pasado por varios momentos difíciles en mi vida y estaba intentando arreglar las cosas. Cuando un día vi en Meetup "Marina Bay, grupo de caminata de 3.5 kilómetros" me sentí perplejo. "¿Alguien realmente crea un grupo para dar paseos juntos?", pensé. Ya que era gratis y estaba libre, lo probé. Un año después sigo caminando junto al grupo. A lo largo del año, las caminatas se han vuelto variadas, cubriendo diversas partes de Singapur, y la naturaleza de las caminatas también cambiaron. Caminamos a través de bosques cuando nos cansamos del cemento y el cristal; hacemos caminatas verticales cuando necesitamos un descanso de las horizontales. Hemos probado multitud de comidas en diferentes sitios, nuevos lugares. Por ejemplo: ¿Cuántos de nosotros han estado en la mejor tienda de Paratha de Singapur anteriormente?

Queda todo dicho, pero lo que ha llevado a este grupo a permanecer juntos y celebrar su primer aniversario son las personas que lo componen. Gente de todos los caminos de la vida se unieron sencillamente para compartir, sin pretensiones de ningún tipo, las largas caminatas. Es también lo que atrae a gente nueva al grupo.

Ejemplo n°2: La caminata de la colina de Dempsey vio un grupo de 60 personas, superando el record anterior de pocos menos de 60 en la caminata de Treetop Walk@MacRitchie.

Conocía a varias personas que como yo, estaban pasando por momentos complicados en sus vidas. Con cada caminata, las sonrisas se volvieron más alegres y risueñas, compartiendo ideas comunes para las actividades del grupo. Cualquiera que fueron las razones para estar allí, las sonrisas era lo que nos llevábamos al finalizar el día, la razón por la cual nos aportaba más beneficios que el simple ejercicio físico.

La sonrisa es algo que nunca podremos comprar.

(Escrito por Edward Seah, co-organizador del grupo de caminata Marina Bay Walking Meetup Group desde el 30 de agosto del 2012)

Por favor visiten la siguiente página web: http://www.wordtradersnet/2013/07/walk-for-miles-walk-for-smiles.html

Apéndice 2

Un Compañero De Camino

Mientras hojeaba los grupos de caminatas en www.meetup.com tropecé con la página del grupo de Marina Bay, mantente sano y vive más. ¡Este grupo está bendecido con miembros y organizadores de mucho talento y con total dedicación para mantener el grupo activo!

Lo que me llamó la atención y me hizo unirme a ellos fueron los lugares elegidos: caminar en el patrimonio de Bukit Brown, recónditos parques naturales y maratones entre las estaciones del metro. Las maravillosas fotos de los miembros enviadas a la galería de imágenes me convencieron para unirme. Las búsquedas de tesoros y los acertijos online son un ejercicio mental para los participantes y añaden un elemento extra de sorpresa al grupo.

Esto es todo un éxito, ¡¿a quién no le gustan las sorpresas?!

Mis momentos especiales con el grupo de Marina Bay son muy numerosos y se irán añadiendo a medida que siga con las caminatas semanales. Con tantas personas extraordinarias caminando juntas, se comparten historias y se crean momentos especiales. Seguro que de vez en cuando también habrá algún que otro enfrentamiento por cruces de personalidad y carácter.

Pero no teman, es una caminata al fin y al cabo.

Siempre pueden caminar más deprisa o parar a oler las rosas del camino o sacar una foto del maravilloso paisaje.

Todo para eliminar la tensión y el malestar.

La mejor ruta, que todavía sigue viva en mi memoria hasta el momento, es la que va desde el Hotel Hilton a la colina de Dempsey a través de la calle Minden en Singapur. ¡El camino a Dense es encantador con mucha vegetación alrededor! ¡Favorece la visión! Los edificios presumen de arquitectura tradicional y son un estupendo fondo para sacar fotos. Las personas que formaron parte de esta caminata eran muy amigables y se ofrecieron a sacarme una foto con el Merlion de madera. Fue una feliz coincidencia el placer que tuve de reunirme con algunos amigos que había hecho en caminatas anteriores.

¡Sigue caminando! Caminar en grupo te enrique de una manera holística.

(Escrito por Jane Ang –junior-, un miembro del grupo de Marina Bay desde el 4 de noviembre del 2012).

La Última Palabra

Gracias a los creadores de internet, tengo el placer de compartir mis experiencias del Método de Un Día a través de este libro, que pueden tener a mano en sus corazones y en sus mentes.

Espero que hayan comprendido todo lo que les he dicho y el último capítulo es incluso más enriquecedor que las primeras frases del libro. Creo que les he convencido de que han hecho una buena elección al elegir este libro.

Gracias por leer mi primer libro. Pueden escribirme directamente a mi dirección de e-mail: hareshbuxani@onedaysuccessful.com

Si tienen alguna duda o sugerencia sobre los contenidos de este libro, por favor envíenme un email y les contestaré lo antes posible. Si opinan que he escrito algo inapropiado, por favor acepten mis disculpas, ya que soy nuevo en este. Y si les gusta mi libro, me gustaría leer vuestros comentarios.

Gracias una vez más, y deseo que Dios los bendiga con buena salud, y una larga vida llena de abundancia, prosperidad, risas, amor y éxito.

Recuerden, necesitan visualizar el éxito para poder conseguirlo en la vida.

¡Si, es posible!

¡Funciona!

Te toca probarlo.

Recuerda,

Necesitas visualizar el éxito para poder conseguirlo.

Sí, es posible.

Acerca Del Autor

Haresh J. Buxani nació en Malasia hace cuarenta y nueve años. Es un empresario con una personalidad modesta y también un inversor, asesor y escritor. Es conocido por entender los "que" y "como" de las inversiones inmobiliarias. Su vida está enfocada y dedicada a invertir estratégicamente como un inversor comercial y también es reconocido por los buenos consejos que da a sus amigos y allegados. Es considerado por muchos como una persona exitosa con los pies en la tierra.

Haresh empezó su carrera profesional como un chico de recados y más adelante se convirtió en vendedor comercial. Después de muchos años, sigue siendo un inversor para el negocio inmobiliario familiar en Asia. Consiguió el éxito entendiendo lo que es la vida realmente a través de la meditación, la teoría y el conocimiento filosófico.

Comprende el significado de la vida debido a sus problemas matrimoniales y sus diversos problemas médicos. Decidió entonces escribir este libro, el primero, que puede convertirse en su primer gran éxito. Si los lectores le apoyan empezará su primer proyecto millonario empresarial. Escribirá varios libros en los próximos años y publicará muchos otros libros y ebooks.

Haresh dirige un grupo voluntario de caminatas cada sábado por la mañana para personas sanas y personas que viven con enfermedades, ya que caminar es bueno para la salud. Es el organizador del grupo de Marina Bay Walking Group en Meetup.com y desde julio del 2012 ha organizado la caminata por el Lupus al atardecer en el paseo marítimo de Marina Bay en el parque Labrador de Singapur. También es voluntario de la asociación de Lupus de Singapur.

Haresh tardó unos seis años en terminar Un día tendré éxito. Todo ocurrió tres meses y once días después de que fuera diagnosticado con una grave enfermedad. Empezó con la primera página en el año 2008 y finalizó en el 2014. Comparte sus experiencias para convertirse en una persona de éxito, incluso tras superar situaciones complicadas.

Haresh tiene una estupenda familia que le apoya entre todos los misterios de su vida y las numerosas dificultades por las que ha tenido que pasar, como la enfermedad que le ha convertido en la persona que es en este momento.

Ha superado la universidad de la vida con un sobresaliente.

Gracias a Sydney Felicio, mi editor de libro online de la editorial Partridge.

Gracias a todos los miembros del departamento editorial de la compañía Partridge, que pertenece a Penguin Random House Company.
Muchas gracias.

Printed in the United States
By Bookmasters